1 Variabilität und Konstanz der Arten

1. Untersuchungen der Ohrlänge bei Kaninchen wurden anhand von drei Stämmen durchgeführt. Dabei geht man davon aus, dass nur ein Gen für die Ohrlänge verantwortlich ist. Gekreuzt wurden jeweils 10 weibliche mit 10 männlichen Tieren aus drei Untersuchungsgruppen.

Gruppe I	10 kurzohrige Weibchen mit 10 langohrigen Männchen
Gruppe II	10 kurzohrige Weibchen mit 10 kurzohrigen Männchen
Gruppe III	10 langohrige Weibchen mit 10 kurzohrigen Männchen

Nachdem die Tiere erwachsen waren (300 Tage) wurde die Ohrlänge gemessen. Folgende Ergebnisse wurden in Gruppe II erzielt (Angaben in cm):

Gruppe II	4,8	6,8	6,6	6,9	6,5	7,8	6,8	7,0	6,9
	5,6	7,5	5,9	6,4	5,9	7,5	6,7	5,5	6,7
	7,4	7,0	6,0	6,6	5,3	6,5	8,1	6,0	6,0
	5,9	6,7	7,0	7,9	7,5	6,0	5,8	8,0	5,0
	5,8	6,6	5,9	6,1	8,6	7,0	6,6	6,5	
	7,3	6,9	8,0	6,9	6,4	7,1	6,6	6,8	
	6,3	5,6	5,4	7,6	6,2	5,7	7,5	6,4	
	7,8	7,9	7,4	6,5	5,0	7,6	6,0	6,1	

a) Fertigen Sie eine grafische Darstellung der gefundenen Ohrlängen an, indem Sie vorher Gruppen bilden, die maximal 0,4 cm Toleranz aufweisen!

b) Vergleichen Sie die gefundene Verteilung für die Ohrlänge mit der der Elternpopulation! Hier liegt das Minimum bei 4,8 cm, die größte Länge bei 8,6 cm und der Mittelwert, der am häufigsten vorkommt, bei 6,7 cm. Was könnte man daraus folgern?

c) Würde man Tiere auslesen, deren Ohrlänge größer als 7,5 cm ist und diese miteinander kreuzen, welche Ergebnisse könnte man erwarten? Welche Gründe gibt es dafür?

2. Eine Rasse einer bestimmten Primelart (*Primula sinensis*) wird gezüchtet. Die erste Pflanzengruppe wird bei Zimmertemperatur kultiviert. Nachdem das Wachstum beendet ist, erscheinen rote Blüten. Die zweite Gruppe steht in einem Gewächshaus bei einer Temperatur von 33 °C. Hier erscheinen weiße Blüten.

a) Diskutieren Sie die vorliegenden Sachverhalte!

b) Könnte man durch eine Kreuzung beider Pflanzengruppen feststellen, ob eine der beiden Blütenfarben dominant ist? Begründen Sie Ihre Entscheidung!

c) Was wird bei diesem Versuch vererbt? Erläutern Sie Ihre Aussage!

d) Nennen und erläutern Sie ein weiteres Beispiel für diese Form der Vererbung!

3. In einem Bienenstaat leben weibliche Bienen und Drohnen. Die weiblichen Tiere unterscheiden sich aber voneinander. Nur die Königin legt befruchtete Eier, die Arbeiterinnen nicht.

a) Erklären Sie diesen Sachverhalt!

b) Welche Möglichkeiten, die zur Ausprägung des Phänotyps führen, muss es geben, wenn nur ein weiblicher Genotyp vorhanden ist?

4. Das **Landkärtchen** *(Araschnia levana)*, ein kleiner Tagfalter, hat im zeitigen Frühjahr eine andere Färbung als im Hochsommer. Während die Puppen der Frühjahrsgeneration nur 4–6 Wochen bis zur Entwicklung des Falters brauchen, benötigen die Puppen der Sommergeneration bis zum Schlüpfen der Falter 7 Monate.

   a) Betrachten Sie die Abbildung 2.1 und erläutern Sie die hier dargestellten Fakten!

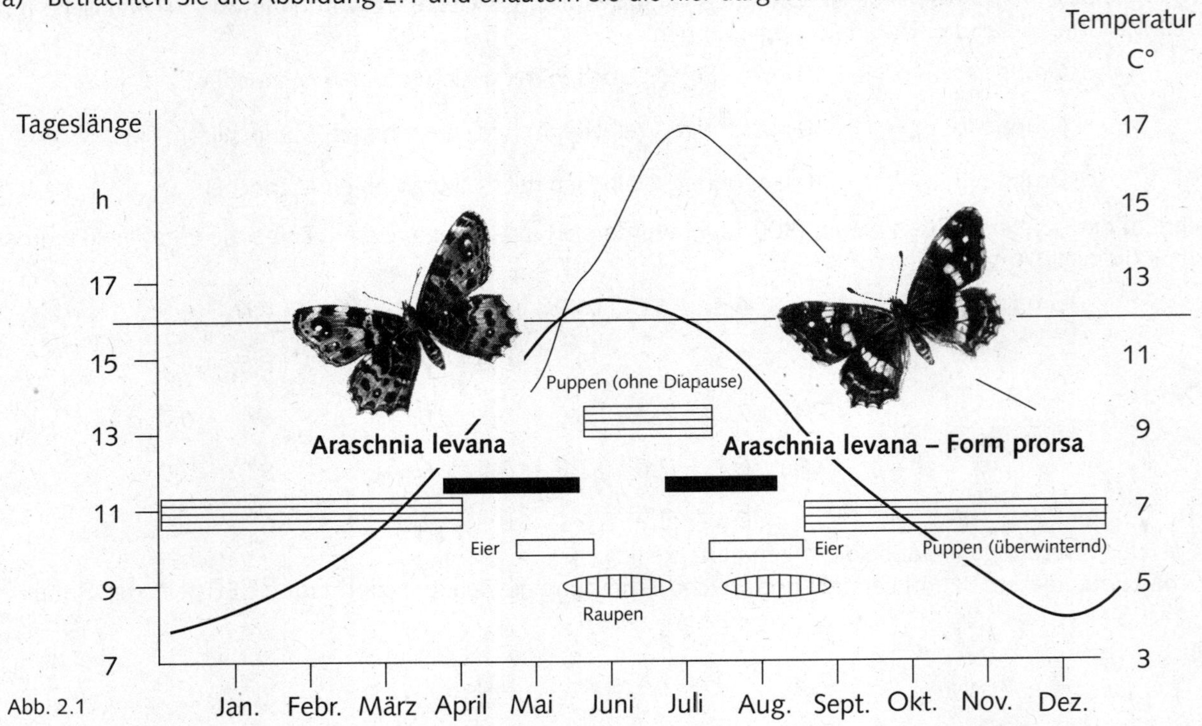

Abb. 2.1

   b) Was würde passieren, wenn man diese beiden Formen kreuzen würde? Begründen Sie Ihre Entscheidung!

5. Mehrere Kaninchenarten weisen eine weiße Fellfarbe auf. Dazu gehören unter anderem **Weiße Riesen**, **Weiße Wiener, Hermelin-Kaninchen**. Auch **Russenkaninchen** und das **Himalaja-Kaninchen** haben ein weißes Fell. Die beiden letzteren können aber auch partiell eine schwarze Fellfarbe aufweisen.

   a) Die Zeichnung 2.2 zeigt Russenkaninchen mit unterschiedlicher Fellfärbung. Welche Erklärung könnten Sie für dieses Phänomen geben?

a Tier bei Zimmertemperatur gehalten b Tier etwa bei 30 °C Raumtemperatur gehalten c Tier bei Zimmertemperatur und dabei Kühlung des linken Oberschenkels

Abb. 2.2 Russenkaninchen

   b) Würde man rein weiße Russenkaninchen miteinander kreuzen und die Nachkommen bei Temperaturen von unter 30 °C halten, welche Fellfarbe könnte festgestellt werden?

   c) In der Abbildung a haben die Kaninchen schwarze Ohren, eine schwarze Schnauze, schwarze Beine und einen schwarzen Schwanz. Erklären Sie diese Farbverteilung!

   d) Bei der Variabilität spricht man von umweltstabilen bzw. umweltlabilen Merkmalen. Was versteht man unter diesen beiden Begriffen? Nennen Sie je ein umweltstabiles und umweltlabiles Merkmal und begründen Sie Ihre Entscheidung!

6. a) Betrachten Sie die Abbildung 3.1 und versuchen Sie eine Erklärung zu geben!

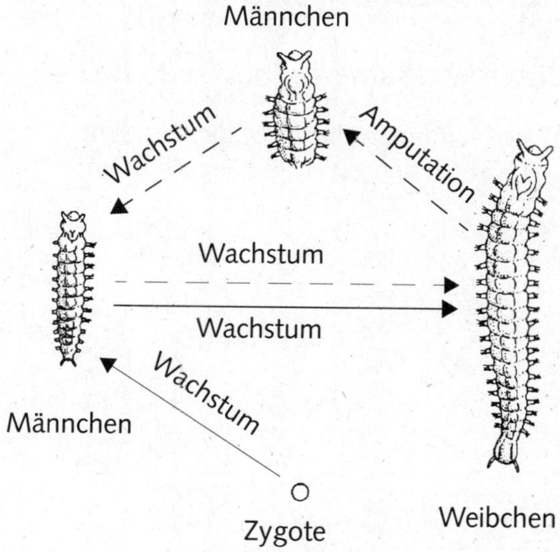

Abb. 3.1 Meeresborstenwurm (Ophryotrocha)

b) Welcher Fachbegriff ist für diesen Vorgang zu verwenden?

7. a) Bei der Vererbung wird auch die sogenannte Reaktionsnorm auf die Nachkommen vererbt. Erläutern Sie, was man unter diesem Begriff versteht und welche Bedeutung die Reaktionsnorm für die Existenz der Organismen hat!

b) Der Einfluss des Lichtes auf die Reaktionsnorm ist sehr groß. Bei Pflanzen werden zum Beispiel Ausprägungen der Blütenfarbe oder das Längenwachstum durch unterschiedliche Lichteinstrahlung gesteuert. Gibt es beim Menschen ebenfalls eine Beeinflussung der Reaktionsnorm durch das Licht? Diskutieren Sie diese Frage!

c) Viele Tiere und Pflanzen besitzen gegenüber Umweltfaktoren eine sehr große Reaktionsnorm. Welche Bedeutung hat die ausgeprägte Variabilität im Evolutionsgeschehen und für die Individuen? Nennen Sie drei Beispiele und erläutern Sie eines davon genauer!

2 Chromosomentheorie der Vererbung

Genetisch wirksame Zellbestandteile

1. a) Beschriften Sie die folgende Abbildung eines Zellkerns (4.1) mit den jeweiligen Begriffen!

1 ______________________________

2 ______________________________

3 ______________________________

4 ______________________________

5 ______________________________

6 ______________________________

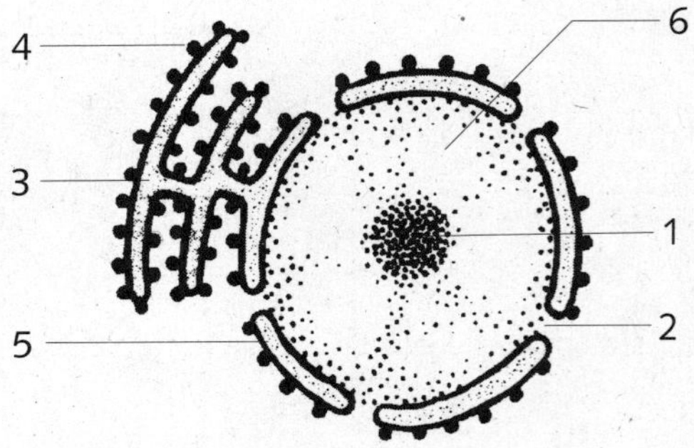

Abb. 4.1 Zellkern

b) Was versteht man unter Karyoplasma und Kernhülle?

____

____

2. Folgendes Experiment wurde mit einzelligen Algen der Gattung **Acetabularia** durchgeführt. Die Algen sind mehrere Zentimeter lang und bestehen aus Schirm, Stiel und einem wurzelähnlichen Rhizoid. Aus der Algenart *Acetabularia wettsteinii* **(A)** wurde der Stiel herausgeschnitten und auf den unteren Teil von *Acetabularia mediterranae* **(B)** aufgepfropft (Transplantation). Nach dem Anwachsen bildete sich wieder ein Schirm aus.

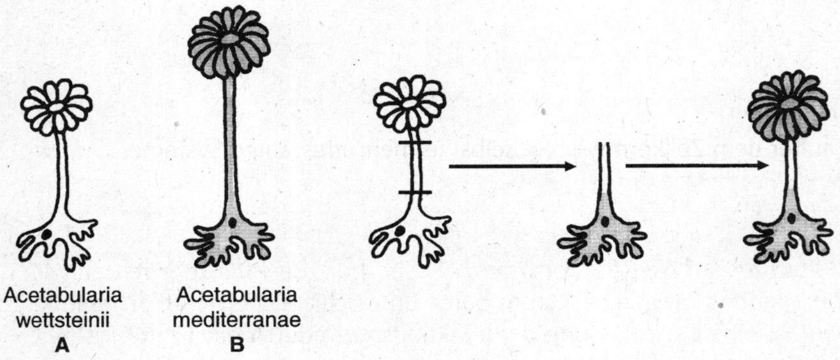

Abb. 4.2 Algen

a) Beschreiben Sie ausgehend von der Abbildung 4.2 das hier vorgenommene Experiment!

b) Welcher Zellbestandteil ist die eigentliche Ursache für das vorliegende Ergebnis? Begründen Sie Ihre Aussage!

c) Bei Krallenfröschen wurde in eine Eizelle, deren Zellkern man entfernt hat, ein Zellkern einer normalen Körperzelle des gleichen Tieres eingepflanzt. Der daraus heranwachsende Frosch weist die gleichen Erbanlagen auf wie das Spendertier.
Welche Schlußfolgerungen kann man aus diesem Experiment ziehen?

d) Erläutern Sie die Bedeutung des Zellkerns!

3. Zellkerne weisen unterschiedliche Größen auf. Der Durchmesser schwankt zwischen 5 und 20 µm. Beim Menschen beträgt der Durchmesser des Zellkerns 7,5 µm.

a) Berechnen Sie das Volumen des Zellkerns nach der Formel $V_Z = 4/3\ \Pi r^3$!

b) Würde man das Innere eines Stecknadelkopfes, der einen Durchmesser von 2 mm hat, mit Zellkernen füllen, wie viele davon müsste man verwenden?

$V_Z =$

$V_S =$

4. a) Ordnen Sie die folgenden Begriffe den vorliegenden Zeichnungen 5.1 und 5.2 zu und beschreiben Sie den Bau eines Chromosoms und eines Chromatinstranges!
Centromer, Heterochromatin, Euchromatin, Satellit, sekundäre Einschnürung, Nucleosomen, Nucleofilament, DNA

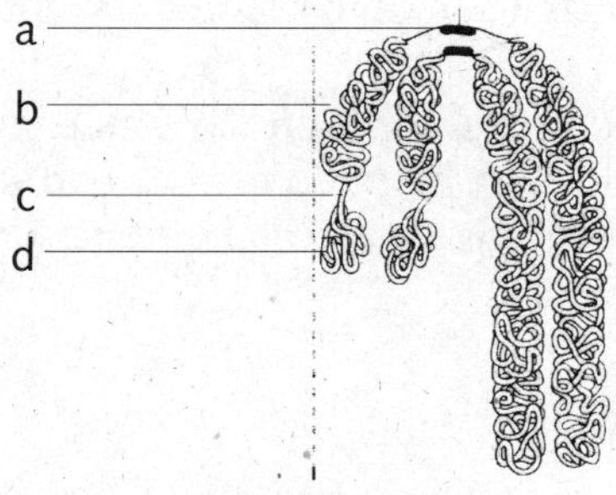

Abb. 5.1 Chromosom und Chromatinstrang

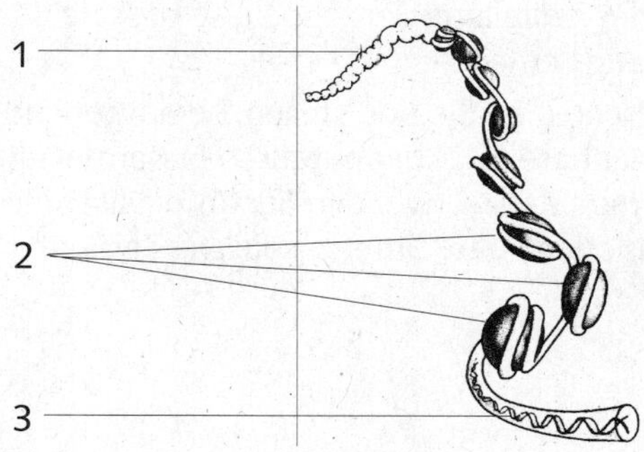

b) Betrachten Sie ein Mikropräparat eines Riesenchromosoms bei möglichst starker Vergrößerung (800- bis 1000fach) und zeichnen Sie seine Form und eventuell erkennbare Strukturen ein!

5. a) In welchem Organ befinden sich bei Drosophila Riesenchromosomen?

b) Beschreiben Sie die Methode, mit der Riesenchromosomen präpariert werden! Benutzen Sie dazu Lehrbücher!

c) Die Abbildung 5.2 zeigt ein Chiasma. Wie entsteht ein solches Chiasma und was kann durch diesen Vorgang bewirkt werden?

Abb. 5.2 Chiasma

6. Euzyten besitzen außer dem Zellkern weitere selbstvermehrungsfähige Systeme. Welche sind das und wie sind sie aufgebaut?

7. Jeder Tonbandamateur weiß, wie man einen Text von einem Band auf ein anderes Band umschneiden kann. Auf dem ersten Tonband wird die Stelle mit dem gewünschten Text markiert und dann an der herausgesuchten Stelle in das andere Tonband eingefügt. Nach dem Einlegen der Kasette kann man dann den eingefügten Text in einem anderen Zusammenhang hören. Damit ist der ursprüngliche Text des zweiten Tonbandes durch eine Einfügung, Insertion, gezielt verändert worden.

a) Übersetzen Sie dieses Tonbandexperiment in eine beschriftete Zeichnung, die die genetischen Belange widerspiegelt!

b) Um dieses zusammengestellte DNA-Fragment in die neue Zelle einzuführen braucht man einen Vektor. Man bezeichnet ihn so, weil er einen gerichteten Transport ausführt. Nennen Sie fünf Eigenschaften, die ein Vektor haben muss, wenn er diesen Transport durchführen soll!

c) Welche Objekte können als Vektoren eingesetzt werden? Begründen Sie Ihre Entscheidung!

Mitose und Meiose

1. Die Chromosomen während der Kernteilung wurden 1879 von W. FLEMMING im Zusammenhang mit der Mitose von Salamanderzellen beschrieben.
   FLEMMING, von dem der Begriff „Mitose" auch stammt, konnte zeigen, dass sich das individuelle Chromatin bei jeder Zellteilung verdoppelt, so dass beide Tochterzellen eine Kopie eines jeden Chromosoms in Form eines Chromatids erhalten.
   Beschreiben Sie und stellen Sie ausgehend von FLEMMINGS Beobachtungen skizzenhaft die Metaphase (6.1) und Anaphase (6.2) der mitotischen Kernteilung einer Zelle mit einem diploiden Chromosomensatz und vier Chromosomen dar! Verwenden Sie für die Darstellung der ehemals mütterlichen bzw. väterlichen Chromosomen der homologen Paare unterschiedliche Farben!

Abb. 6.1 Metaphase

Abb. 6.2 Anaphase

2. Beschriften Sie die folgenden Meiose-Stadien (a–f) und ordnen Sie sie in der richtigen Reihenfolge (1.–6.)!

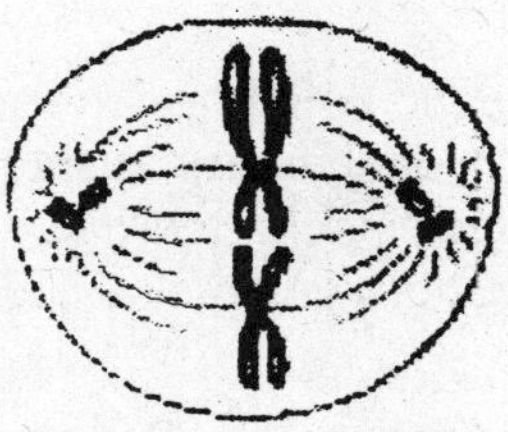

a. ____________________

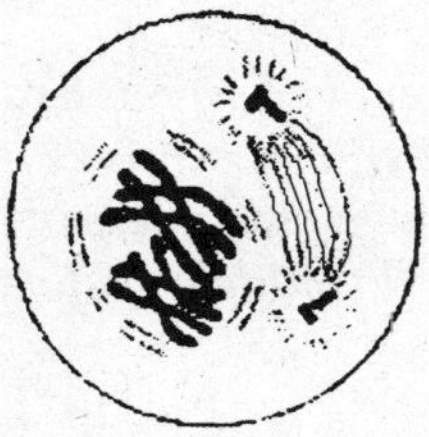

b. ____________________

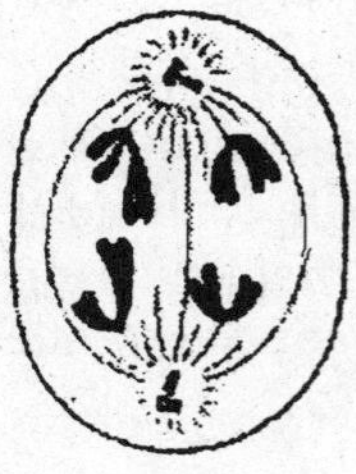

c. ____________________

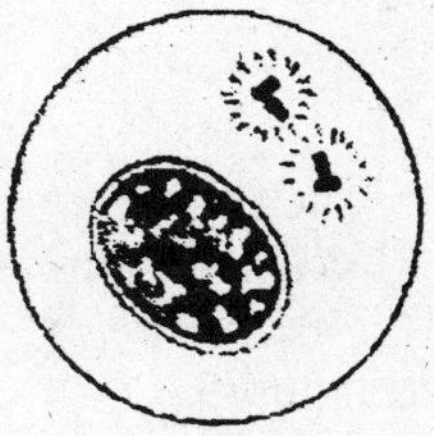

d. ____________________

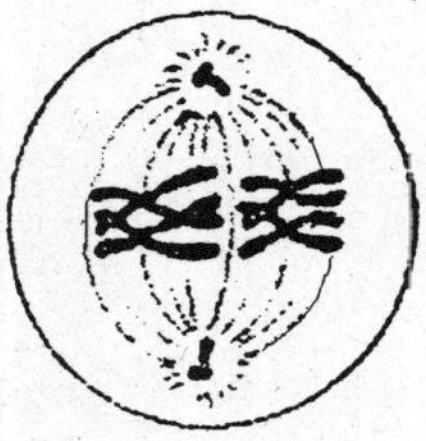

e. ____________________

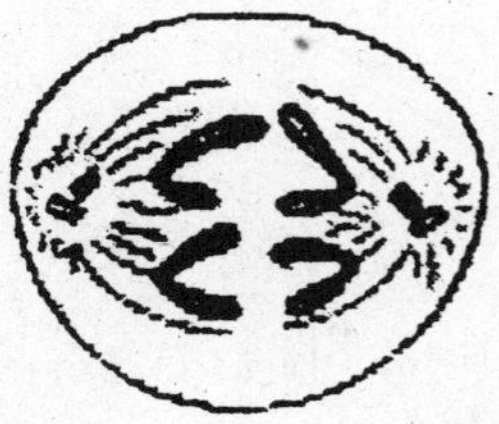

f. ____________________

Abb. 8.2 Meiosestadien

3. a) Vervollständigen Sie die folgende Abbildung 7.1 unter Verwendung der nachstehenden Begriffe!
Geschlechtsorgane, mehrzelliger ausgewachsener Organismus, Zygote, Eizelle, Mitose und Individualentwicklung, Spermazelle, Befruchtung, Meiose

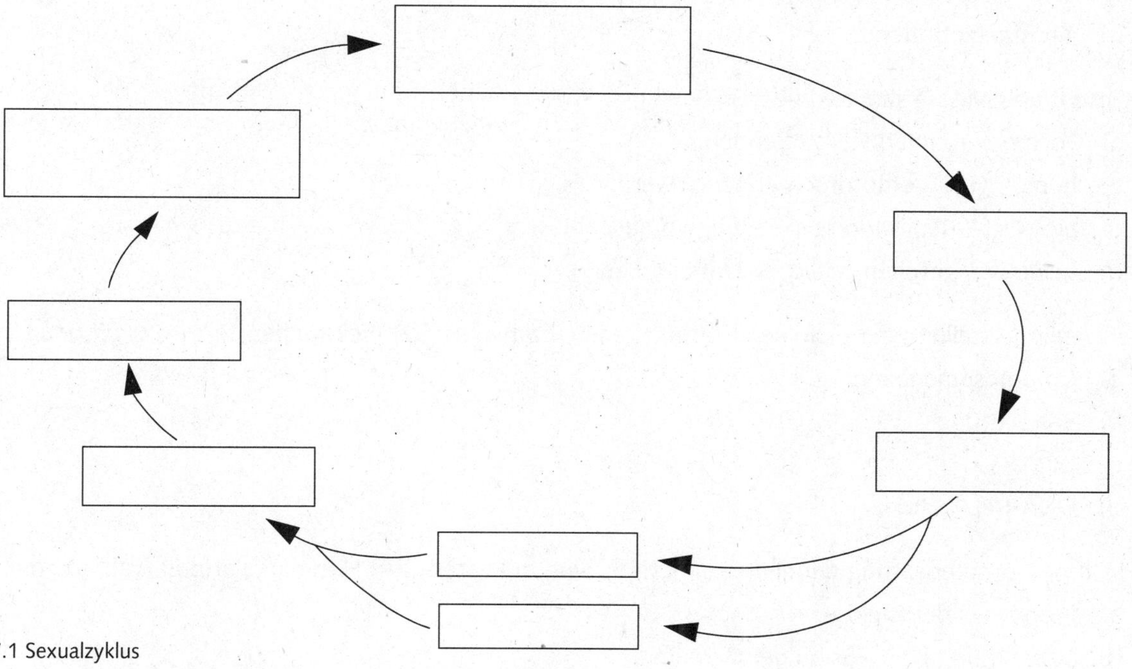

Abb. 7.1 Sexualzyklus

b) Kennzeichnen Sie die haploide und diploide Phase innerhalb des Sexualzyklus!

4. Nennen Sie Unterschiede im zeitlichen Verlauf und im Ergebnis der meiotischen Kernteilung bei der Spermiogenese und der Oogenese!

5. In den Aufgaben 5.1–5.12 haben Sie jeweils die Auswahl zwischen a, b, c und d; nur eine der vorgegebenen Antworten ist richtig!

5.1 Welcher der folgenden Prozesse ist keine Quelle für die genetische Variation und Mannigfaltigkeit einer Spezies?

a) Crossing over ❑
b) Replikation der DNA während der S-Phase ❑
c) zufällige Verteilung der Chromosomen während der Reduktionsteilung ❑
d) zufällige Auswahl der Gameten bei der Befruchtung ❑

5.2 Ungeschlechtliche Fortpflanzung eines diploiden Organismus

a) ist nicht möglich ❑
b) beinhaltet eine meiotische Teilung ❑
c) produziert identische Nachkommen ❑
d) führt zu Variationen unter den entstehenden Nachkommen ❑

5.3 Wie viele verschiedene Kombinationen väterlicher und mütterlicher Chromosomen sind in der Nachkommenschaft einer Spezies möglich, die über einen diploiden Chromosomensatz mit acht Chromosomen verfügt?

a) 8 ❑ b) 16 ❑ c) 64 ❑ d) 256 ❑

5.4 Die Berechnungen aus Aufgabe 5.3 beinhalten als Variationsursache

a) Crossing over, ❑
b) zufällige Gametenauswahl bei der Befruchtung, ❑
c) unabhängige Chromosomenverteilung während der Reduktionsteilung, ❑
d) b und c. ❑

5.5 Homologe Chromosomen
- a) haben immer identische Gene, ❑
- b) haben Gene für die gleichen Merkmale auf gleichen Genorten (Loci), ❑
- c) kommen in Gameten vor, ❑
- d) a–c sind zutreffend. ❑

5.6 Meiose II und Mitose stimmen überein, weil
- a) Tochterchromatiden sich trennen, ❑
- b) homologe Chromosomen getrennt werden, ❑
- c) eine DNA-Replikation der Teilung vorausgeht, ❑
- d) beide den gleichen zeitlichen Umfang haben. ❑

5.7 Die Wiederherstellung der diploiden Chromosomenanzahl nach der meiotischen Teilung erfolgt durch
- a) Chromosomenpaarung, ❑
- b) Befruchtung, ❑
- c) Mitose, ❑
- d) DNA-Replikation. ❑

5.8 Die Chromosomenpaarung der ehemals mütterlichen und väterlichen Homologe erfolgt während der
- a) Prophase I der Meiose, ❑
- b) Befruchtung bzw. Fusion der Gameten, ❑
- c) Metaphase II der Meiose, ❑
- d) Prophase der Mitose. ❑

5.9 Während der ersten meiotischen Teilung
- a) werden homologe Chromosomen getrennt, ❑
- b) entsteht der haploide Chromosomensatz, ❑
- c) ist Crossing over zwischen den Chromatiden homologer Paarlinge möglich, ❑
- d) sind alle geschilderten Prozesse möglich. ❑

5.10 Wie viel Gameten mit einer unterschiedlichen Chromosomenkombination kann eine diploide Stammzelle mit 6 Chromosomen bilden?

a) 6 ❑ b)8 ❑ c)12 ❑ d) 64 ❑

5.11 Beim Generationswechsel der Samenpflanzen
- a) produziert der Sporophyt Sporen durch Meiose, ❑
- b) produziert der Gametophyt Gameten durch Mitose, ❑
- c) entwickelt sich die Zygote durch Mitose zum Sporophyten, ❑
- d) treffen alle genannten Sachverhalte zu. ❑

5.12 Bei vielen Pilzen
- a) ist die Zygote das einzige haploide Stadium, ❑
- b) werden die Gameten durch Meiose gebildet, ❑
- c) ist der adulte Organismus haploid, ❑
- d) produziert der Gametophyt die Gameten durch Mitose. ❑

6. Die folgende Grafik zeigt den schwankenden DNA-Gehalt der Zelle während eines Zellzyklus.

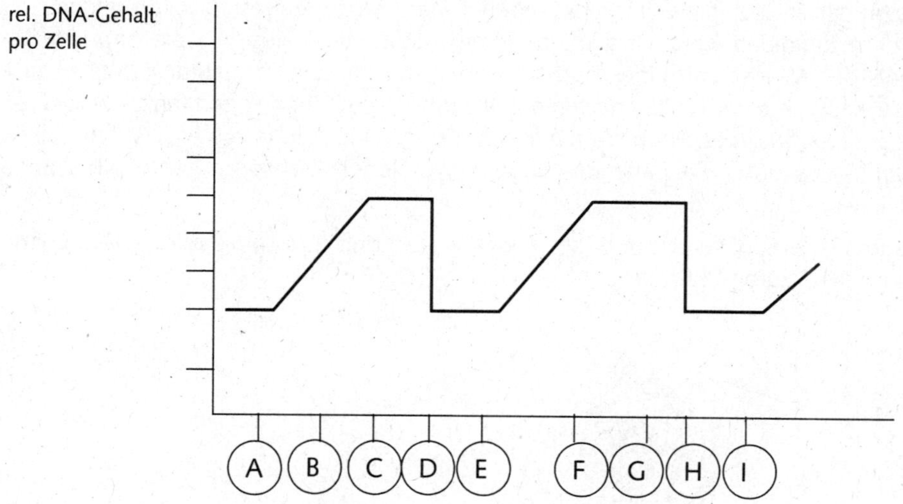

Abb. 9.1 Schwankender DNA-Gehalt der Zelle während eines Zellzyklus

Beschreiben Sie den hier vorliegenden Verlauf und und ordnen Sie die einzelnen Abschnitte den Vorgängen während eines Zellzyklus zu! Beründen Sie Ihre Entscheidungen!

7. Homologe Chromosomen sind in jeder diploiden Zelle vorhanden. Während der Meiose erfolgt eine Reduktion, bei der die homologen Chromosomen voneinander getrennt werden.
   a) Markieren Sie in der Abbildung 9.2 durch unterschiedliche Farbgebung die Kombinationsmöglichkeiten der Chromatide in den haploiden Keimzellen!
   b) Wie viel Kombinationen wären bei Auftreten eines Crossing over zu erwarten?

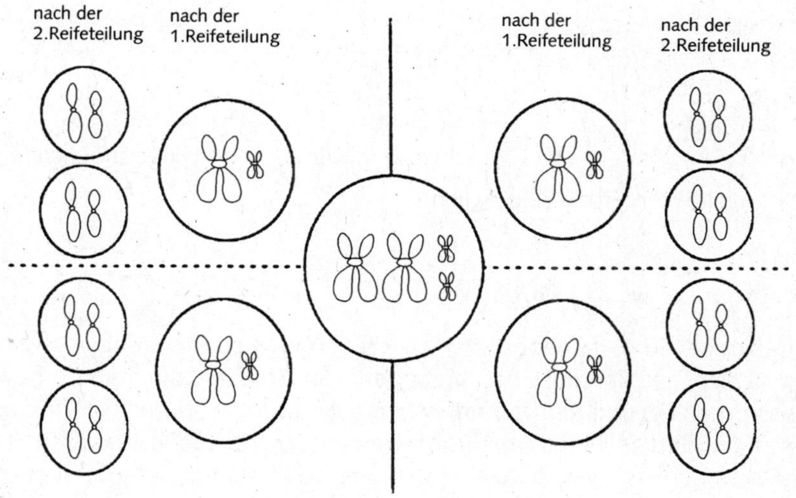

Abb. 9.2 Teilungen

8. In der modernen Pflanzenzüchtung verwendet man häufig sogenannte Haplonten-Kulturen. Diese gewinnt man aus unreifen Pollen, die mittels endomitotischer Teilung (induziert durch Kolchizin) diploidisiert werden und im Anschluss durch entsprechende Phytohormone zum Wachstum angeregt werden.
   a) Beschreiben Sie den Prozess der Endomitose! Nennen Sie ein Beispiel zum natürlichen Vorkommen dieses Vorganges!
   b) Welche Bedeutung haben derartige Pflanzen für den Züchter? Beziehen Sie in Ihre Überlegungen den Gedankengang mit ein, dass viele – auch züchterisch wertvolle – Merkmale rezessiv vorliegen!

9. Trennt man von einer Buntnessel einen Steckling, der aus den Blattachseln herauswächst, ab und stellt ihn in ein Glas Wasser, bilden sich Wurzeln und es entsteht eine Pflanze, die die gleichen Erbanlagen hat wie die Mutterpflanze.

   Beschreiben Sie die dazu nötigen Vorgänge in den Zellen und erläutern Sie die Bedeutung dieser Methode! Nennen Sie Beispiele aus dem Pflanzenanbau, wo diese Methodik Anwendung findet!

8. a) **Sordaria fimicola** ist ein Ascomycet. Dieser Pilz eignet sich, um experimentell die Folgen eines Crossing over während der Meiose zu demonstrieren. Sordaria ist die meiste Zeit seines Lebenszyklus ein haploider Organismus. Erst durch die Fusion der Myzelien zweier verschiedener Stämme kommt es zur Bildung eines diploiden Zygotenkerns. Aus dem diploiden Kern wird dann durch meiotische Teilung in die haploide Phase zurückgekehrt. Als Ergebnis der Meiose mit einer nachfolgenden mitotischen Kernteilung entstehen acht haploide Ascosporen. Diese sind von einer schlauchartigen Hülle ummantelt, dem sogenannten Ascus (Ascomyceten = Schlauchpilze). Ein Fruchtkörper, Perithcium genannt, enthält viele derartige Asci. Wenn die Ascosporen reif sind, platzt der Ascus unter Freigabe der Sporen. Aus jeder Ascospore kann sich ein neues haploides Pilzmyzel entwickeln.

Analysieren Sie den Text zum Generationswechsel dieses Ascomyceten und nutzen Sie die gewonnenen Erkenntnisse um die Abbildung 10.1 zu beschriften!

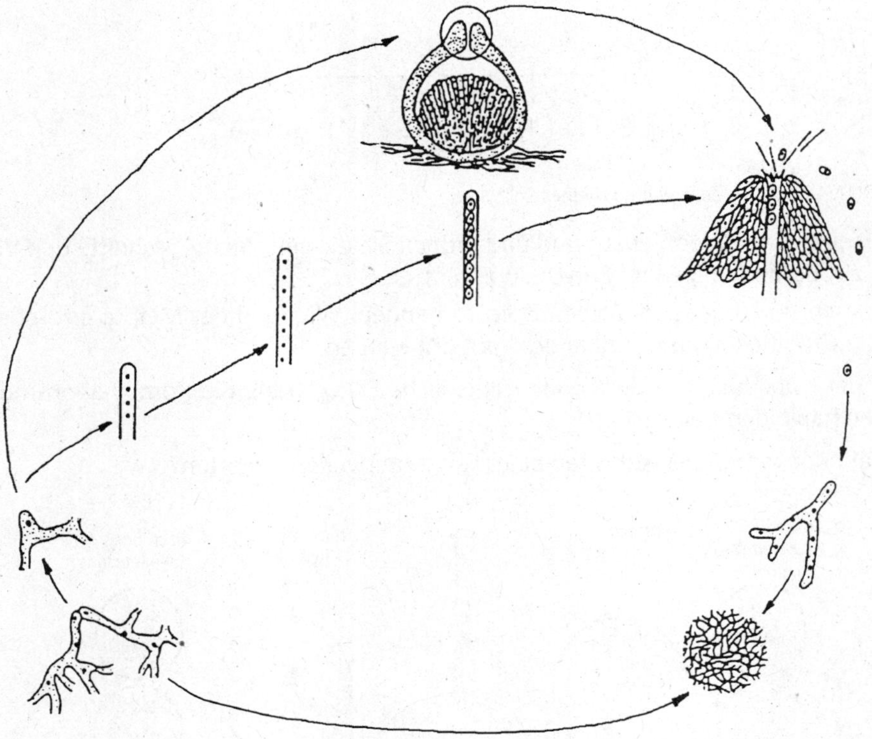

Abb. 10.1 Lebenszyklus von Sordaria fimicola.

b) Um Crossing over bei Sordaria beobachten zu können müssen Kreuzungen zwischen dem Stamm des Wildtyps und, bezüglich der Sporenfarbe, Mutanten von Sordaria durchgeführt werden. Der Wildtyp bildet schwarze Ascosporen (+) und der Mutantenstamm goldbraune Sporen (tn für tan = englisch goldbraun) aus. Wenn Myzelien dieser beiden Stämme fusionieren und anschließend eine Meiose durchlaufen, dann werden die sich entwickelnden Asci vier schwarze und vier goldbraune Ascosporen enthalten. Die Anordnung der Sporen spiegelt direkt wider, ob Crossing over stattgefunden hat oder nicht.

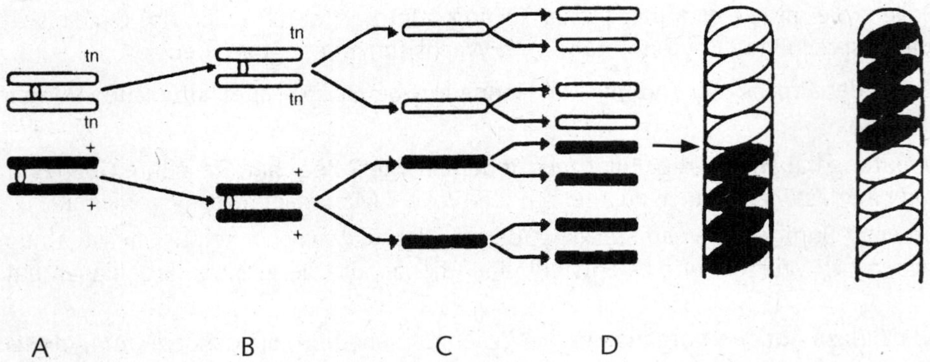

Abb. 10.2 Ausbildung von Asci ohne Crossing over

A Die homologen Chromosomenpaare reihen sich in der Metaphase I der Meiose in der Äquatorialebene an. Die beiden Chromatiden des einen Chromosoms tragen jeweils das Allel für goldbraune Ascosporenfarbe und die zwei Chromatiden des anderen Chromsoms das Allel für die Sporenfarbe des Wildtyps.

B Die erste meiotische Teilung ergibt zwei Zellen mit jeweils nur einem Allel für die Sporenfarbe (entweder goldbraun oder Wildtyp). Das heißt, die Trennung dieser Allele fand während der ersten meiotischen Teilung statt.

C Die zweite meiotische Teilung ergibt vier Zellen, jede mit einer haploiden Chromosomenzahl.

D Die mitotische Teilung verdoppelt diese Zellen identisch zu insgesamt acht haploiden Ascosporen. Sie sind im 4 : 4 Muster angeordnet.

Neben diesem 4 : 4 Muster kann man in den Asci jeweils zwei verschiedene 2 : 2 : 2 : 2 und 2 : 4 : 2 Anordnungen der Sporen beobachten (Abb. 11.1). Diese Konstellationen sind nur durch das Auftreten von Crossing over erklärbar.

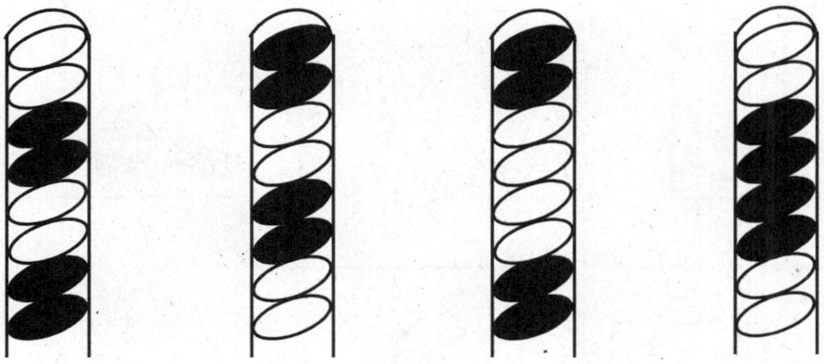

Abb. 11.1 Die vier prinzipiellen Asci

Beschreiben Sie das Grundprinzip des reziproken Segmentaustauschs zwischen den Nicht-Schwesterchromatiden eines homologen Chromosomenpaares, für den Th. H. MORGAN den Begriff Crossing over (engl.= Überkreuzen) einführte!

Klären Sie in diesem Zusammenhang die Begriffe Chiasma, homologes Chromosomenpaar, Chromatide (Schwester- und Nicht-Schwester-), Kopplungsbruch, Rekombination!

Wann findet Crossing over innerhalb des meiotischen Teilungsprozesses statt?

c) Erklären Sie das Zustandekommen der in Abbildung 11.1 dargestellten Sporenkonstellationen in den Asci. Entwickeln Sie dazu schematische Skizzen, die sich an der Abbildung 10.2 orientieren! Verwenden Sie unterschiedliche Farben um die Nicht-Schwesterchromatiden hinsichtlich der Sporenfarbe zu kennzeichnen! Gehen Sie davon aus, dass das Merkmal „Sporenfarbe" auf dem langen Arm des Chromosoms lokalisiert ist!

Abb. 11.2 Ausbildung von Sporenkonstellationen in den Asci

Mendelsche Regeln (mendelsche Gesetze)

1. In einem Kreuzungsexperiment wurden Tiere des Seidenspinners (Bombyx mori) aus zwei reinerbigen Rassen gekreuzt. Rasse A = Raupen gestreift; Kokons sind rein weiß. Rasse B = Raupen sind einfarbig weiß; Kokons gelb. In der F_1-Generation traten einheitlich gestreifte Larven auf, die gelbe Kokons bildeten.

   Bei der Kreuzung der Organismen der F_1-Generation konnten unter anderem 2112 Individuen mit den Merkmalen „Gestreifte Larven und weiße Kokons" und 702 Individuen mit den Merkmalen „einfarbige Larven und weiße Kokons" festgestellt werden.

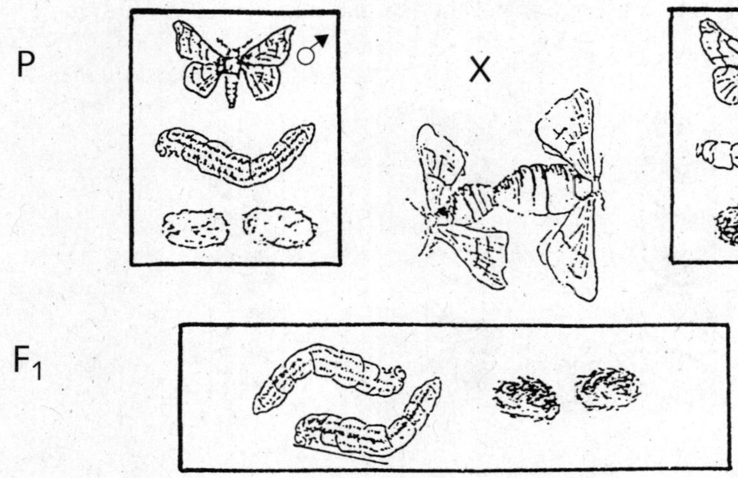

Abb. 12.1 Kreuzungsschema

a) Welches mendelsche Gesetz findet hier Anwendung?

b) Neben diesen Larven- und Kokonformen traten in der F_2-Generation weitere Phänotypen auf. Auch sie wurden ausgezählt. Welche Phänotypen sind zu erwarten und welche Individuenzahlen könnten festgestellt werden? Begründen Sie Ihre Antwort mit Hilfe des 2. mendelschen Gesetzes!

c) Ergänzen Sie Kreuzungsschema und Kombinationsquadrat der hier vorliegenden Kreuzungen (Abb. 12.2) und ordnen Sie den Allelen selbst gewählte Buchstaben zu!

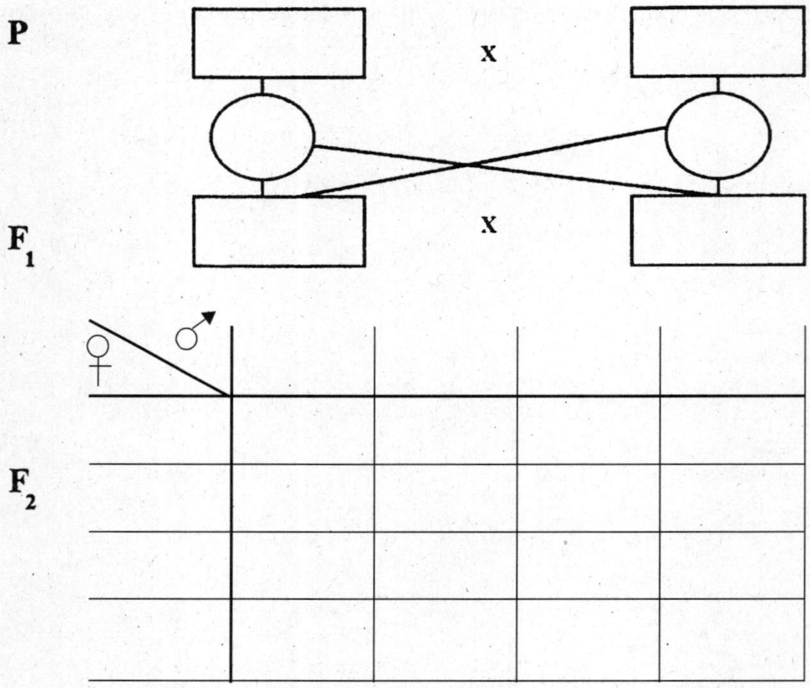

Abb. 12.2 Kreuzungsschema und Kombinationsquadrat

d) Diskutieren und erläutern Sie die Ergebnisse des Kombinationsquadrates der F_2-Generation!

e) Könnte man Individuen aus dieser F_2-Generation gleich weiterzüchten, weil man genau weiss, dass diese Individuen reinerbig sind? Kennzeichnen Sie die Ihrer Meinung nach dazu geeigneten Individuen und begründen Sie Ihre Entscheidung!

2. Im Jahre 1854, also rund ein Jahrzehnt vor der Veröffentlichung der Züchtungsergebnisse an Erbsen durch GREGOR MENDEL, schrieb der schlesische Pfarrer J. DZIERZON über seine Züchtungsversuche an deutschen und italienischen Honigbienen wie folgt:
„Man muß die volle Gewißheit haben, daß die Königin von Geburt der echten Rasse angehört. Ist sie selbst schon aus Bastardbrut entstanden, kann sie unmöglich reine Drohnen erzeugen, sondern sie erzeugt halb deutsche, halb italienische Drohnen, aber merkwürdig, nicht der Art, sondern der Zahl nach, als falle es der Natur schwer, beide Arten zu einer Mittelrasse zu verschmelzen."

a) Welches der Gesetze, die später als „mendelsche Gesetze" bezeichnet wurden, ist hier offensichtlich bereits entdeckt bzw. vermutlich nur geahnt worden? Formulieren Sie das Gesetz!

b) Eine genauere Untersuchung der Vererbung bei der Honigbiene hätte mit Sicherheit nicht die gleichen Ergebnisse gebracht, die MENDEL bei den Erbsen gefunden hat. Bei der Honigbiene haben nämlich die Weibchen (Königin und Arbeiterinnen) diploide Körperzellen, während die Männchen haploid sind (Drohnen).
Stellen Sie ein Kreuzungsschema für die im obigen Text genannten Kreuzungen bis zur F_2-Generation auf! Verwenden Sie dabei für die deutsche Rasse den Buchstaben D = Deutsche Rasse, für die italienische I = Italienische Rasse!

c) Welchen Prozentsatz weisen die Männchen der italienischen Rasse an der Gesamtmännchenzahl in der dritten Tochtergeneration (F_3) aus, wenn in der P-Generation reinerbige deutsche Weibchen eingesetzt und die Kreuzungen immer nur mit italienischen Männchen durchgeführt wurden?

d) Das Geschlecht der Honigbienen beruht auf diploider oder haploider Natur der Körperzellen. Welche weiteren Formen von Geschlechtsbestimmungen im Tierreich kennen Sie? Nennen Sie zwei Beispiele!

3. Aus dem Eigelege zweier Rabenpaare, bei denen jeweils ein Partner ein Albino ist, schlüpfen 3 bzw. 4 Jungtiere, die alle schwarz sind. Bei der Paarung der Vögel 3 und 4 der F_1-Generation schlüpfen 3 Jungtiere, von denen ein Weibchen Albino ist.

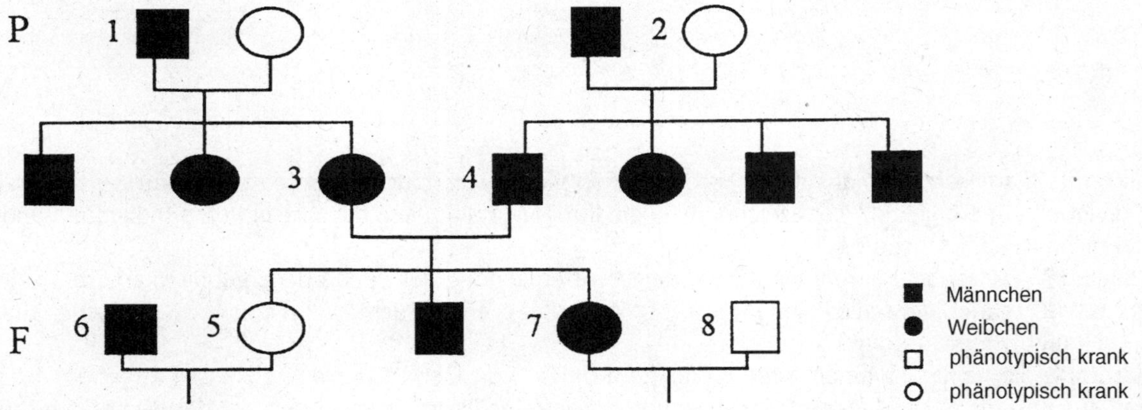

Abb. 14.1 Kreuzungsschema

a) Geben Sie für die Organismen 1–4 die Genotypen an und erläutern Sie Ihre Entscheidung!

b) Mit welcher Wahrscheinlichkeit treten Albinos bei der Paarung von 5 und 6 sowie 7 und 8 auf? Begründen Sie!

4. In einem Jagdrevier treten neben den wildfarbenen braunen Rehen manchmal auch schwarze Formen auf. Diese Schwarzfärbung beruht auf einer Mutation. In der Population des Jagdreviers haben die schwarzen Tiere einen Anteil von 6 %. Welche Häufigkeit haben die Allele für die Braun- und Schwarzfärbung in dieser Population?

a) Berechnen Sie die Häufigkeit der beiden Allele nach dem HARDY-WEINBERG-Gesetz: $p^2 + 2pq + q^2 = 1 (= 100\%)$!

Bei Beobachtungen konnte man folgende Zusammensetzung der Tiere auf einer Wiese feststellen:
- Geißen mit schwarzem Fell .... 2 Tiere mit je 2 Kitzen, wovon 2 davon braun und die anderen beiden je einmal braun und einmal schwarz waren
- Geißen mit braunem Fell.............................. 2 Tiere mit einmal 2 braunen und einmal 1 schwarzem Kitz
- Rehbock mit braunem Fell............................ 1 Tier

b) Entspricht die hier festzustellende Häufigkeit der schwarzen Tiere der in der Population?

c) Wenn der Rehbock der Vater aller Jungtiere ist, wie wirkt das Allel für die Schwarzfärbung? Begründen Sie Ihre Entscheidung!

d) Stellen Sie in einer Übersicht den Genotyp des Rehbocks und die Genotypen der beiden unterschiedlich gefärbten Geißen sowie deren Kitzen zusammen und begründen Sie Ihre Entscheidung!

5. Im Jahre 1906 wurde erstmals festgestellt, dass das 3. mendelsche Gesetz nicht immer zutrifft. Bei Tomaten, die in unterschiedlicher Ausprägung vorkommen, stellte man eine Abweichung von dem 3. mendelschen Gesetz fest. Dabei wurden hochwüchsige Tomaten, die runde Früchte aufwiesen, mit kleinwüchsigen mit länglicher Frucht gekreuzt. In der F_2-Generation trat aber nicht das erwartete Zahlenverhältnis von 9 : 3 : 3 : 1 auf, obwohl beide Tomatensorten jeweils zwei Allele aufwiesen.

   a) Kennzeichnen Sie die hier vorliegenden Allele mit den entsprechenden Buchstaben und füllen Sie das Kreuzungsschema bis zur F_2-Generation aus!

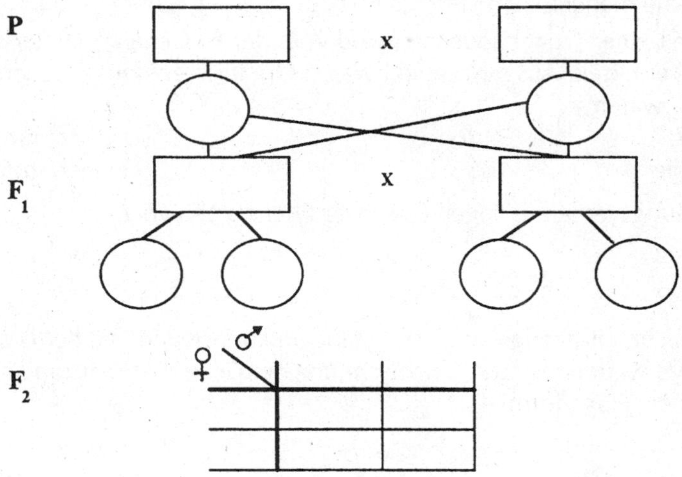

Abb. 15.1 Kreuzungsschema

   b) Welche Ursache könnte diesem Phänomen zugrunde liegen? Begründen Sie Ihre Aussage!

6. CORRENS untersuchte um 1900 die japanische Wunderblume. Bei seinen Kreuzungsversuchen entdeckte er die mendelschen Gesetze neu. Mit der Wunderblume kann man folgendes Experiment durchführen: Man kreuzt Wunderblumen mit mittelgrünen Blättern und rosa Blüten untereinander. Nach dem Aussäen der Samen wuchsen auf dem Versuchsfeld folgende Pflanzen:

Blätter	Blüten	Anzahl	Blätter	Blüten	Anzahl
hellgrün	rot	102	mittelgrün	weiß	202
hellgrün	rosa	198	dunkelgrün	weiß	97
hellgrün	weiß	99	dunkelgrün	rot	101
mittelgrün	rosa	413	dunkelgrün	rosa	196
mittelgrün	rot	211			

   a) Um welchen Erbgang handelt es sich dabei? Ermitteln Sie den Genotyp der Ausgangsgeneration mit mittelgrünen Blättern und rosa Blüten!

   b) Erklären Sie das Versuchsergebnis durch das Aufstellen eines Kreuzungsschemas und legen Sie dabei für die betreffenden Allele die entsprechenden Kennzeichnungen fest!

   c) Welche mendelschen Gesetze sind hier wirksam? Formulieren Sie diese Gesetze und begründen Sie Ihre Aussagen!

   d) Züchter versuchen meist ganz bestimmte Pflanzen herauszuzüchten.
   Welche Ausgangspflanzen müssten gewählt werden, wenn mit einer einzigen Kreuzung Pflanzen mit rosa Blüten und mittelgrünen Blättern erzielt werden sollen? Begründen Sie Ihre Entscheidung!

7. Ein Tomatenzüchter kultiviert reinerbige Tomatenpflanzen, die folgende Eigenschaften aufweisen: dunkelgrüne Blattfärbung und behaarte Blätter = Sorte E; gelbgrüne Blätter, die haarlos sind = Sorte F.
   Diese beiden Sorten werden miteinander gekreuzt. Es entstehen dunkelgrüne behaarte Pflanzen. Im dritten Jahr werden die aus den Pflanzen gewonnenen Samen ausgesät und ausgewertet. Dabei erhielt der Züchter folgende Ergebnisse: gelbgrün, haarlose = 377; dunkelgrün, behaarte = 1087 Pflanzen.
   a) Erläutern Sie über ein Kreuzungsschema, wie man zu diesen Ergebnissen kommt, und berechnen Sie das hier vorliegende Zahlenverhältnis!
   b) Überprüfen Sie, welche mendelschen Gesetze hier zur Wirkung kommen, und begründen Sie Ihre Aussage!
8. Bei einem Experiment mit einer Fruchtfliegenart wurden in der F_2-Generation vier verschiedene Phänotypen in unterschiedlicher Anzahl ermittelt. Ausgangspunkt waren Organismen der F_1-Generation, die im Phänotyp wildfarben und normalflüglig waren.

wildfarben/normalflüglig	3136	schwarz/normalflüglig	1020
wildfarben/stummelflüglig	1086	schwarz/stummelflüglig	348

   a) In welchem Aufspaltungsverhältnis liegen diese vier Phänotypen vor?

   b) Erläutern Sie, um welchen Erbgang es sich hier handeln könnte und wie der Genotyp der F_1-Generation zusammengesetzt ist! Verwenden Sie zur Kennzeichnung der Gene die Buchstaben f bzw f* für die Körperfarbe und vg bzw. vg* für die Flügelform!

   c) Vervollständigen Sie das folgende Kreuzungsschema beginnend mit der P-Generation bis zur F_2-Generation und treffen Sie eine Aussage über die Lage der beiden Gene!

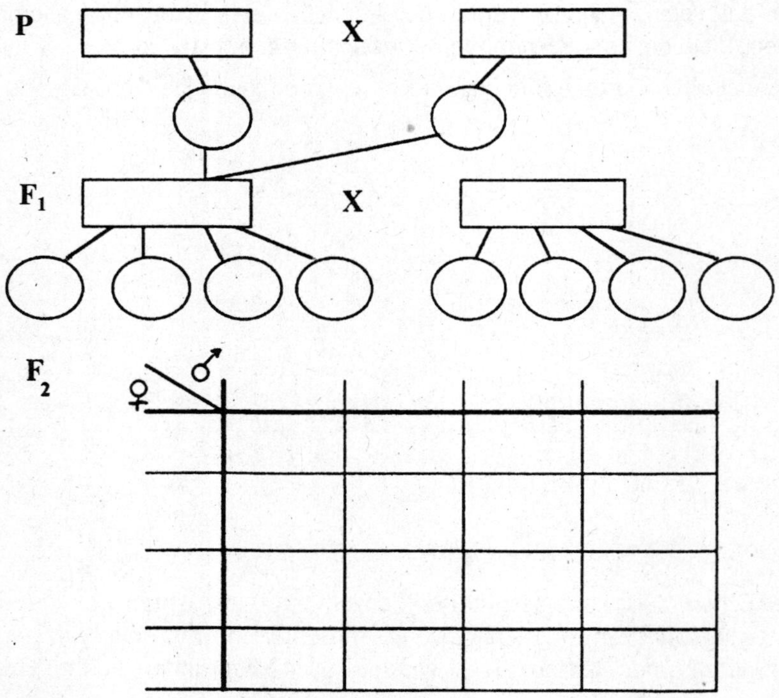

Abb. 16.1 Kreuzungsschema

9. Die Spaltungsverhältnisse sind in der Natur kaum mit der Exaktheit zu erreichen, wie sie Mendel errechnet hat. So wurde ein statistisches Testverfahren entwickelt, um die gefundenen Zahlen mit der theoretischen Verteilung vergleichen zu können. Dieser χ^2-Test (Chi-Quadrat-Test) beruht auf der Überlegung, dass die Beobachtungswerte aus derselben Verteilung stammen, wenn die Differenzen in den Einzelwerten recht gering sind. Eine gewisse Schwankung um den Idealwert ist dabei einzukalkulieren. Als Testgröße errechnet man einen χ^2-Wert, der mit einem tabellierten χ^2-Wert verglichen wird.

   Es gilt: $\chi^2 = \frac{\text{(beobachtete – erwartete Häufigkeiten)}}{\text{erwartete Häufigkeiten}}$

   Zum Vergleich mit den tabellierten χ^2-Werten braucht man noch den sogenannten >Freiheitsgrad<. Eine einfache Form wäre P = Zahl der verschiedenen Phänotypen. Die Irrtumswahrscheinlichkeit soll bei 5 % liegen.

Mendel erhielt bei seinen Kreuzungsversuchen folgende Ergebnisse:

Glatte, gelbe Erbsen:	205
Glatte, grüne Erbsen:	65
Gelbe, runzlige Erbsen:	68
Grüne, runzlige Erbsen:	20

Wahrscheinlichkeiten = P-Wert	2 Phänotypen	4 Phänotypen
95 %	0,004	0,35
80 %	0,06	1,01
50 %	0,46	2,37
20 %	1,64	4,64
Warngrenze 5 %	3,84	7,82
Widerspruchs-grenze 1 %	6,64	11,34

a) Entsprechen die Ergebnisse dem theoretischen Verhältnis von 9 : 3 : 3 : 1?

   Die Berechnung nimmt man wie folgt vor:

	Phänotyp I	Phänotyp II	Phänotyp III	Phänotyp IV	Summen
theoretisches Verhältnis					
beobachtete Werte					
erwartete Werte					
Differenz d					
d^2					
d^2/erwarteter Wert					

χ^2 berechnet = χ^2 tabel.: χ^2 =

b) Kann man diese Behauptung mit einer Irrtumswahrscheinlichkeit von 5 % und χ^2 tabelliert 0.35 aufrechterhalten?

10. Ausgehend von Kreuzungsversuchen formulierten CORRENS, BOVERI und SUTTON schon 1903/04: „Die Erbanlagen liegen auf den Chromosomen." MORGAN klärte die relative Lage der Gene auf den Chromosomen der Fruchtfliege Drosophila melanogaster auf.

a) Geben Sie eine Beschreibung der Annahmen, die MORGAN zu seinen Aussagen bewogen haben!

b) Drei Gene **a**, **f** und **g** werden rückgekreuzt. Die P-Generation war jeweils homozygot für die Wildtypallele. Bei der Auszählung fand man bei 35,5 % aller Individuen Crossing over. Dabei war **a** bei 21,5 % von den beiden anderen getrennt, **f** war bei 3,6 % von den anderen getrennt, während die Trennung von **g** von den anderen Allelen 10,4 % betrug.
Welche Lage müsste das Allel **f** zu den beiden anderen einnehmen? Begründen Sie!

c) Wie groß müsste der Abstand von **a** zu **f** und zu **g** sein?

d) Mit Genkarten, die nach diesem Muster angefertigt werden, lassen sich nur die relativen Abstände zwischen den Genen angeben. Das bedeutet, je weiter die Gene auseinanderliegen, umso ungenauer ist die Aussage. Begründen Sie!

11. a) Welche Untersuchungsmethoden hat MORGAN angewandt und wie wurden sie weitergeführt? Nutzen Sie die dazu in den Lehrbüchern befindlichen Texte!

b) Für drei gekoppelte Gene hat man die jeweiligen Austauschhäufigkeiten ermittelt. Sie beträgt für **A/B** = 11 %; für **B/C** = 11,5 % (Abb. 18.1). Nach weiteren Kreuzungsexperimenten erhält man den Wert **A/C**, er beträgt 22,5 %.

Wie müsste man die ermittelte Genkarte beschriften? Beschreiben Sie, wie man zu dieser Genkarte kommt und erläutern Sie die Dreipunktanalyse!

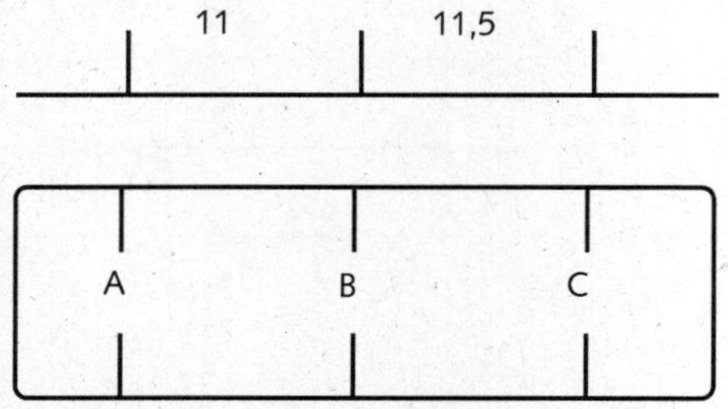

ermittelte Genkarte

Abb. 18.1 Genkarten

12. Die Austauschhäufigkeit zwischen zwei verschiedenen, auf homologen Chromosomen liegenden Gene dient als Maß für den relativen Abstand dieser Gene auf der Kopplungsgruppe. Durch eine Vielzahl von Kreuzungen wurde die Anordnung und Verteilung von ca. 500 Genen auf den 4 (haploiden) Chromosomen von Drosophila melanogaster bestimmt. Folgender Versuch gibt wieder, wie man zur Lokalisation von Genen gelangen kann.

P-Generation	Weibchen reinerbig	Männchen reinerbig
	gelber Körper = g	grauer Körper = G
	breite Flügel = f	normale Flügel = F
	weiße Augen = r	rote Augen = R

a) Ergänzen Sie das vorliegende Kreuzungsschema bis zur F_1-Generation und beachten Sie, dass alle Weibchen der F_1 Generation einen grauen Körper, normale Flügel und rote Augen haben, während die Männchen einen gelben Körper, breite Flügel und weiße Augen aufweisen!

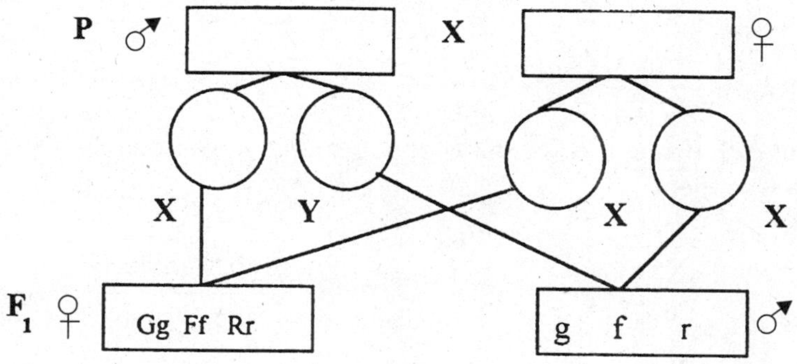

Abb.19.1 Kreuzungsschema

b) Wurden Männchen in der P-Generation mit Röntgenstrahlen behandelt, so kamen in der F_1-Generation auch einige Weibchen mit gelbem Körper, normalen Flügeln und roten Augen vor. Bei Untersuchungen unter dem Mikroskop zeigte je eines der 4 Riesenchromosomen bei diesen Weibchen folgendes Bild:

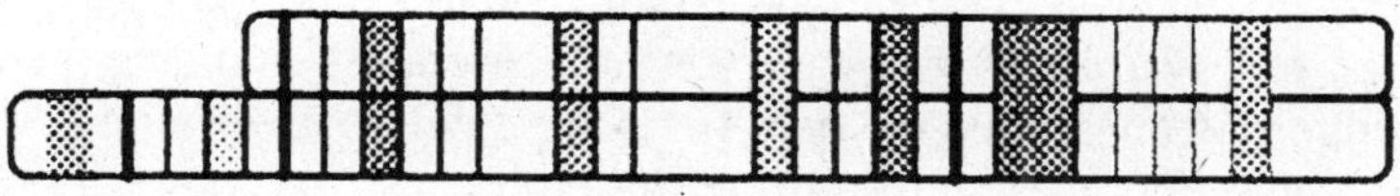

Um welches Chromosom handelt es sich hier? Vervollständigen Sie das vorliegende Kreuzungsschema, das die Wirkung der Röntgenstrahlen berücksichtigt!

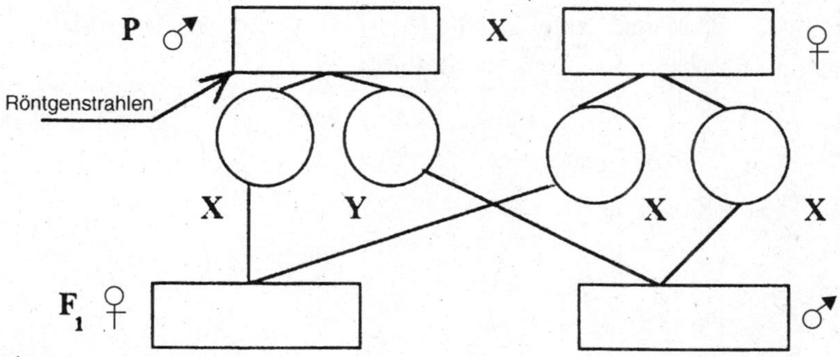

Abb. 19.2 Kreuzungsschema

c) Wie entsteht die gelbe Körperfarbe bei diesen Weibchen? Welche Lage haben die Allele für die Körperfarbe auf dem Riesenchromosom?

___

___

___

___

3 Die molekulare Theorie der Vererbung

Viren, speziell Bakteriophagen und Bakterien

1. Bakteriophagen (bakterienfressende Viren) sind in der Lage, sich in Wirtszellen zu vermehren. Man bezeichnet sie oft als Parasiten auf dem Niveau der Gene.

   a) Wie gelingt ihnen das?

   b) Zeichnen Sie schematisch den Bau eines Bakteriophagen und vergleichen Sie seine Strukturen und Bestandteile mit denen von Bakterien!

Phagenbestandteile	Bakterienbestandteile

Abb. 20.1 Bakteriophage (Schema)

   c) Ein Patient, der unter Salmonellenerkrankung litt, hatte eine Infektion mit einem Bakterienstamm, der gegen sechs Antibiotika resistent war. Ist es möglich, dass ein Bakterienstamm eine mehrfache Resistenz hat? Genauere Untersuchungen ergaben, dass die betreffenden Bakterien überhaupt keine Resistenz aufwiesen, im Körper des Patienten aber über diese Resistenz verfügten. Wie ist das zu erklären?

2. Bakteriophagen können während ihrer Existenz unterschiedliche Zyklen durchlaufen.
   Stellen Sie den lytischen Zyklus und den lysogenen Zyklus in einer schematischen Darstellung dar und nennen Sie die Unterschiede! Nutzen Sie dazu auch die in den Lehrbüchern veröffentlichten Fakten!

3. Zeichnen Sie das schematische Bild einer Bakterienzelle (Abb. 20.2) und beschriften Sie!
   Heben Sie den genetischen Apparat in der Zeichnung hervor!

Abb. 20.2

4. In der Forschung werden häufig Mangelmutanten von bestimmten Bakterienstämmen verwendet. 1946 experimentierte der Amerikaner LEDERBERG mit Mangelmutanten von Escherichia coli, die jeweils zwei verschiedene Stoffe nicht mehr synthetisieren konnten.
   – Stamm I : f* g* a b   * ist das Symbol für das Wildallel
   – Stamm II: f g a*b*   ohne Bezeichnung ist das mutierte Allel

   a) Beschreiben Sie, wie man solche Mangelmutanten auffinden kann, und erläutern Sie den Begriff Minimalnährboden!

   b) Nachdem LEDERBERG eine Mischung der Stämme I und II auf Minimalnährboden aufbrachte, konnte er relativ häufig Bakterienwachstum beobachten.

   Erklären Sie diese Beobachtung! Beschreiben Sie die hier zugrunde liegenden Vorgänge! Nutzen Sie dazu auch die Ausführungen in den Lehrbüchern!

5. Stellen Sie in einer Tabelle Baumerkmale und Eigenschaften von Viren, Bakteriophagen und Bakterien zusammen! Die Tabelle könnte etwa so aussehen!

	Viren	Bakteriophagen	Bakterien
Bestandteile			
Eigenschaften			

b) Begründen Sie, warum diese Objekte von besonderer Bedeutung für die Forschung sind!

6. Bei Bakterien gibt es unterschiedliche Wege zur Übertragung der Erbanlagen von einer Zelle zur anderen. Eine Möglichkeit ist die Transduktion.

a) Erläutern Sie diesen Vorgang!

b) In der Abb. 21.1 wird ein bestimmter Vorgang gezeigt. Geben Sie dafür eine molekularbiologiologische Deutung!

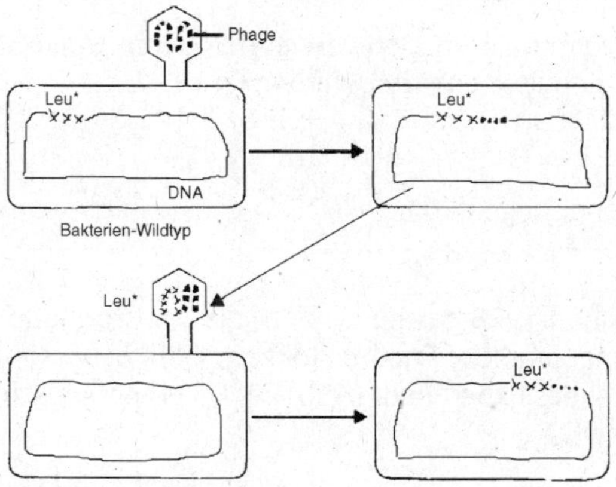

Abb. 21.1 Vorgang

7. Beschreiben Sie eine Versuchsanordnung, mit der man die Resistenz von Bakterien gegenüber Antibiotika (z. B. Penicillin) nachweisen kann! Nutzen Sie dazu die Angaben in den Lehrbüchern!

b) Auf welche Weise können Bakterien eine Antibiotikaresistenz erreichen? Welche Vorteile ergeben sich daraus für die Verbreitung dieser Bakterienrassen?

c) Diskutieren Sie den Einsatz von Penicillin bei Alltagsinfektionen bei Kindern!

8. Der Phage T2 befällt das Bakterium Escherichia coli. Eine Mutante dieses Stammes besitzt die Gene h* (= hinterlässt im Bakterienrasen große Löcher) und r (= Innenraum der Löcher ist trüb). Eine zweite Mutante trägt die Gene h (= kleine Löcher) und r* (= klarer Innenraum der Löcher). Beide Mutanten werden in großer Zahl einer Escherichia coli-Kultur zugesetzt.

   a) Erläutern Sie das zu erwartende Ergebnis!

   b) Hershey und Chase führten folgenden Versuch durch:
   Bakterien wurden auf einem Medium gezüchtet, das radioaktiv markierten Phosphor enthielt. Das radioaktiv markierte Material gelangte so in das Bakterium. Danach wurden Phagen des Stammes T_2 zugesetzt. Diese Phagen wurden nun abermals in eine Escherichia-Kultur, die nicht radioaktiv markiert war, gebracht. Danach wurden die Bakterien abzentrifugiert, so dass sie von den Phagen getrennt waren.
   Beschreiben Sie die hier ablaufenden Vorgänge und erläutern Sie die zu erwartenden Ergebnisse!

   c) Wenn man Phagen verwendet, deren Hüllproteine mit radioaktivem Schwefel versetzt sind, können welche Ergebnisse erwartet werden?

9. a) Schon 1928 gelang Griffith die Transformation eines Stoffes von virulenten abgetöteten Pneumokokken auf ungefährliche Pneumokokken. 1944 bewies Avery, dass reine DNA für diesen Vorgang verantwortlich ist. Folgendes Experiment (Abb. 22.1) veranschaulicht die Transformation bei verschiedenen Pneumokokken-Stämmen.

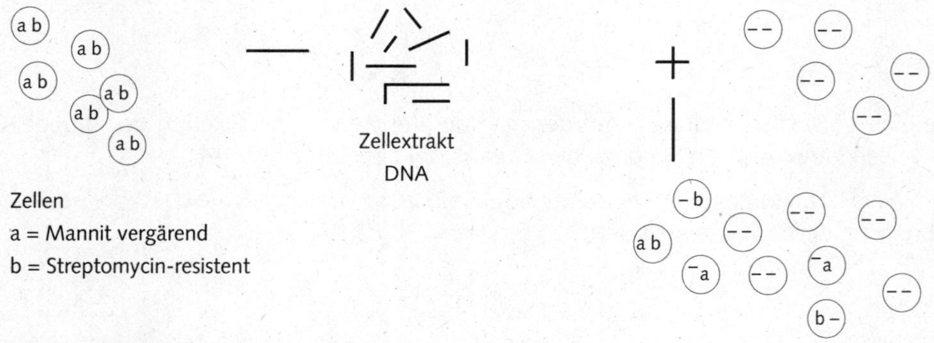

Abb. 22.1 Transformation bei Pneumokokken-Stämmen

Erläutern Sie die ablaufenden Vorgänge!

b) Vergleichen Sie in einer Übersicht die parasexuellen Prozesse der Bakterien mit den sexuellen Vorgängen bei den höheren Organismen!

23.1 Übersicht

c) Welche Bedeutung hat die Transformation in der Tier- und Pflanzenzüchtung? Beschreiben Sie je ein Beispiel!

10. In einem sterilen Messzylinder wurden 99 ml steriles Wasser abgemessen und in ein steriles Becherglas gegeben. Mit einer Pipette werden 1 ml von der Bakterienlösung hinzugefügt. Danach wird die Lösung gut durchgemischt. In je drei sterilisierte Reagenzgläser werden je 9 ml steriles Wasser gegeben. 1 ml der Lösung aus dem Becherglas wird in das erste Reagenzglas gegeben und gut durchgeschüttelt. Aus diesem Reagenzglas wird ebenfalls 1 ml Flüssigkeit entnommen und in das zweite Reagenzglas gebracht. Nach dem Durchschütteln des zweiten Reagenzglases wird wieder 1 ml entnommen und in das dritte Reagenzglas gebracht.

a) Wie viel Bakterien passen maximal in 1 ml Flüssigkeit, wenn man die Größe mit 1,0 µm x 1,0 µm x 1,0 µm annimmt? Um die Rechnung zu vereinfachen gilt als Vorgabe:

1 ml = 1 cm^3 = 1000 mm^3 und 1 mm = 1000 µm

b) Berechnen Sie die Verdünnungsstufen in den drei Reagenzgläsern!

Reagenzglas 1---------------

Reagenzglas 2---------------

Reagenzglas 3---------------

c) Auf einer Agar-Platte wurden mit einem DRIGALSKI-Spatel 0,1 ml einer Bakterien enthaltenden Lösung mit einer Verdünnungsstufe von 1 : 100000 aufgetragen. Nach dem Bebrüten wurden 80 Kolonien gezählt.

Ermitteln Sie, wie hoch der Keimgehalt in 1 ml der Ursprungsprobe war!

Chemische Struktur des genetischen Materials

1. Nukleinsäuren gehören neben den Proteinen, Fetten und Kohlenhydraten zu den vier Hauptklassen biochemischer Verbindungen. Die Tabelle zeigt einen prinzipiellen Vergleich des chemischen Charakters dieser Verbindungsklassen. Vervollständigen Sie die tabellarische Gegenüberstellung!

Verbindungsklassen	Chemische Elemente	Monomere	Biologische Bedeutung
1	C, H, O, N, P		
2		Glycerol Karbonsäuren	
3 Proteine			
4			

2. Untersuchungen zur stofflichen Zusammensetzung der DNA haben gezeigt, dass die vier Standard-Basen Adenin (A), Guanin (G), Cytosin (C) und Thymin (T) in artspezifischen und damit charakteristischen relativen Häufigkeiten im Molekül auftreten.
   Welche der folgenden Wechselbeziehungen (a–d) hat sich dabei als nicht konstant herausgestellt? Begründen Sie Ihre Entscheidung!

   a) $\frac{A}{T}$ b) $\frac{G}{C}$ c) $\frac{A+T}{G+C}$ d) $\frac{A+G}{T+C}$

3. Überprüfen Sie die Ergänzungen (a bis d) der folgenden Aussage auf ihre Richtigkeit!
   Die Anzahl der Adeninbasen in einem DNA-Molekül gleicht der Anzahl der Thyminbasen, weil
   a) die DNA-Polymerase bei der Replikation nach jeder Thyminbase ein Adeninmolekül in die entstehende DNA-Faser plaziert; ❑
   b) ein DNA-Strang aus alternierenden Adenin- und Thyminbasen besteht; ❑
   c) Adenin auf dem einen Polynukleotidstrang zwei Wasserstoffbrückenbindungen zum Thymin auf dem anderen Strang aufbaut; ❑
   d) DNA aus der gleichen Anzahl aller vier Purin- bzw. Pyrimidinbasen besteht. ❑

4. a) Geben Sie einen tabellarischen Überblick über die DNA- und RNA-haltigen Zellstrukturen einer pflanzlichen Eucyte und ordnen Sie die Funktionen zu! Nutzen Sie dazu die Abbildung 25.1!

Strukturen	Funktionen
1.	
2.	
3.	
4.	
5.	

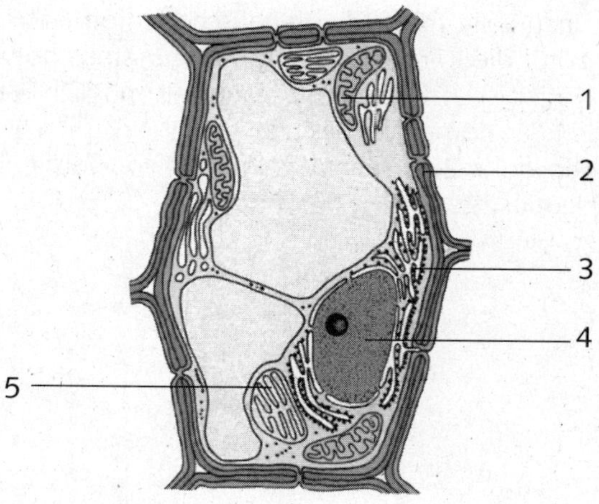

Abb. 25.1 Zelle (schematisch)

b) Wodurch unterscheidet sich der „genetische Apparat" der bakteriellen Procyte von dem der Eucyte?

5. Die Abbildung 25.2 zeigt die Strukturformeln der beiden Komplementärbasenpaare.

Paar 1:

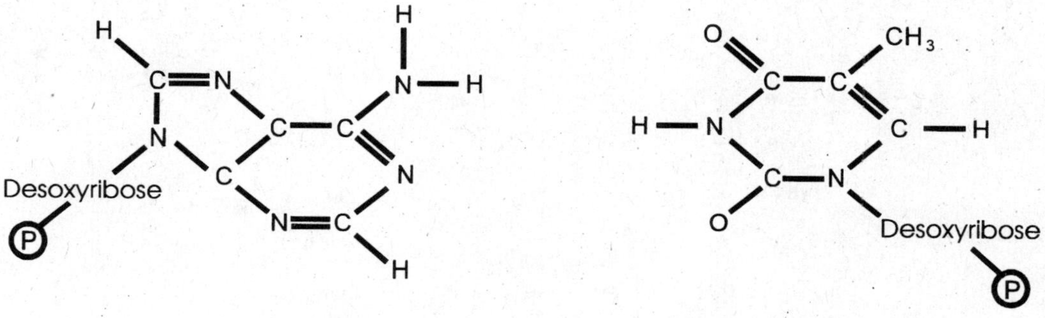

Paar 2:

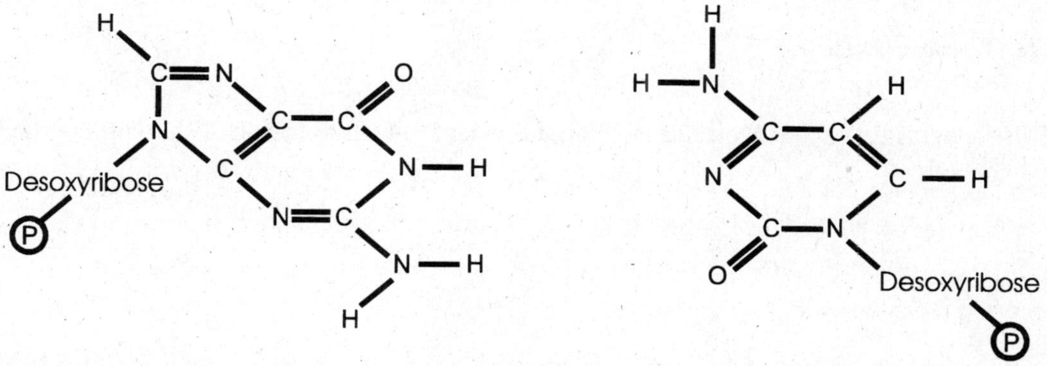

Abb. 25.2 Strukturformeln

a) Tragen Sie durch punktierte Linien die möglichen Wasserstoffbrückenbindungen zwischen den jeweiligen Molekülen ein!

b) Benennen Sie die vier Standardbasen der DNA! Berücksichtigen Sie dabei die Anzahl der Wasserstoffbrücken zwischen den Paarlingen und die Zuordnung zu den Purin- bzw. Pyrimidin-Basen!

6. Worin besteht die biologische Bedeutung, dass das Zucker-Phosphat-Rückgrat der DNA-Doppelhelix durch kovalente Bindungen zusammengehalten wird und dass die komplementären Querverbindungen zwischen den beiden Polynukleotidsträngen durch Wasserstoffbrückenbindungen zusammengehalten werden?
7. Warum ist die Konstanz des DNA-Gehaltes aller Körperzellen eines Organimus der Beweis dafür, dass die DNA der materielle Träger der genetischen Information ist?
8. Ist es für die Körperzellen eines Organismus notwendig, dass alle die identische genetische Information enthalten, oder ist es für einen Organismus möglich, verschiedene genetische Informationen in den unterschiedlichen Zellen des Körpers zu besitzen?
9. In Abbildung 26.1 sehen Sie in Form von Tetranukleotiden zwei kurze Ausschnitte aus zwei verschiedenen Polynukleotidketten.

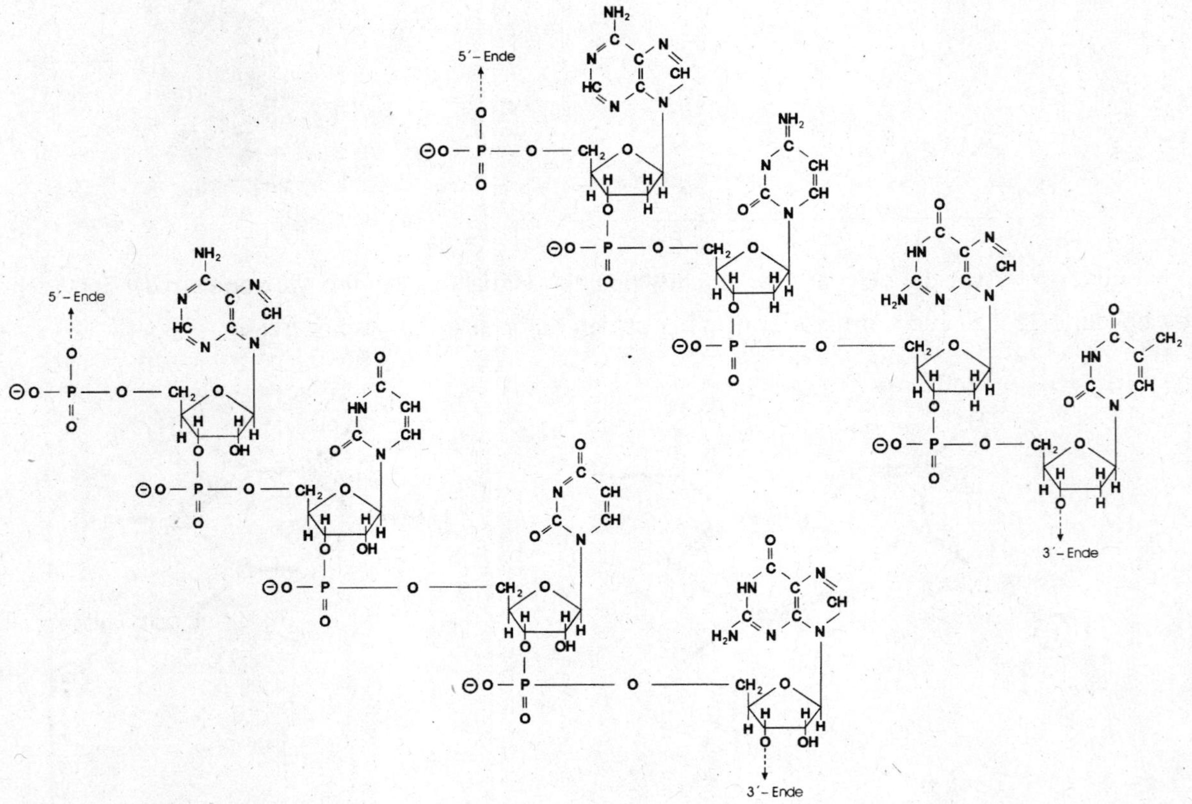

Abb. 26.1 Polynukleotidketten

a) Entscheiden Sie, welcher Molekülausschnitt aus einer DNA bzw. einer RNA stammt! Begründen Sie Ihre Entscheidung!

b) Vergleichen Sie den strukturellen Aufbau von DNA- und RNA-Nukleotiden tabellarisch!

c) Wie viele Tetranukleotidsequenzen sind neben den in Abbildung 26.1 dargestellten denkbar?

10. Die Extraktion von DNA aus tierischem Gewebe kann in einem Experiment vorgenommen werden.

Materialien:

Objekte:	frischer Thymus („Bries"), etwa 10 g
Chemikalien:	gesättigte Na-dodecylsulfat-Lösung (SDS), Ethanol absolut oder 95%iges Isopropanol, Aqua dest.
Geräte:	Bechergläser, Teesieb, Schere und Leinenlappen, Pipette, Glasstab mit Hakenende

Durchführung:

1. *Zellsuspension* – Etwa 10 g frischer Thymus werden in 20 ml Leitungswasser suspendiert. Dazu wird das Gewebe mittels Pinzette und Schere möglichst fein zerkleinert, bis eine starke Trübung auftritt.
2. *Filtration* – Die gewonnene Suspension wird durch ein Sieb, das zuvor mit einem Leinenlappen ausgelegt wurde, in ein weiteres Becherglas gegossen, um unlösliche Gewebsbestandteile abzutrennen.
3. *Zellaufschluß und Lyse* – Dem trüben Filtrat setzt man unter ständigem Rühren etwa 1 ml gesättigte Natriumdodecylsulfat-Lösung zu und schüttelt das Produkt 2 bis 3 Minuten. SDS (Sodiumdodecylsulfat) verändert als sehr wirksames Detergenz (Entspanner) die Oberflächenspannung der Suspension. Daraus resultieren drei entscheidende Wirkungen: Auflösung der Zell- und Kernmembran (Lysis) sowie die Zerstörung der Quartärstruktur der Nukleinsäure, das heißt Ablösung der DNA von den basischen Histonmolekülen. Es entsteht eine klare Lösung mit hoher Viskosität.
4. *Präzipitation (Fällung)* – Die erhaltene Lösung wird in einem Becherglas mit eiskaltem (**!**) absolutem Ethanol im Überschuss überschichtet. Anschließend wird die sich an der Phasengrenze abzeichnende Fällung durch Rühren mit dem Glasstab unterstützt. Die Nukleinsäuren werden als faserige, gallertige Fäden ausfallen und lassen sich auf dem Glasstab mittels Hakenende aufrollen.
5. *Resuspension* – Für weitere Untersuchungen kann die gewonnene DNA in Aqua dest. aufgenommen und somit resuspendiert werden.

   Hinweis: Nach dem Zellaufschluß sollten die folgenden Arbeitsgänge möglichst zügig und unter Verwendung gekühlter Geräte und Chemikalien durchgeführt werden, um die Aktivität der freigesetzten Endo- und Exonukleasen zu minimieren.

Beobachtungen:

Protokollieren Sie die einzelnen Arbeitsschritte 1–5! Vergleichen Sie Ihre individuellen Beobachtungen mit den angekündigten Effekten!

Auswertung:

Erklären Sie die Wirkung des Detergenz auf die Zellsuspension.

- Erläutern Sie anhand einer Skizze die Quartärstruktur der DNA!
- Worauf beruht die Präzipitation der Nukleinsäuren in Arbeitsschritt 4?
- Entwickeln Sie einen experimentellen Weg, um im Rückstand nach Arbeitsschritt 4 die Histone der Nukleosomen nachzuweisen!

Hinweis: Zellen des Thymus eignen sich für derartige Versuche besonders gut, da sie fast vollständig von den Zellkernen ausgefüllt sind.

Welche biologische Funktion besitzt der Thymus innerhalb des Metabolismus der Säugetiere?

11. Ein Haar am Tatort, ein Blutfleck: Winzige Spuren genügen für eine DNA-Analyse, den genetischen Fingerabdruck. Wissenschaftler haben begonnen die Molekularbiologie zu nutzen, um durch Entschlüsselung kleiner Teile des Genoms Personen anhand individueller DNA-Sequenzen zu identifizieren. Nur fünf Prozent der menschlichen DNA, so vermuten die Forscher, enthalten tatsächlich Gene, also Erbinformationen, die die Phäne eines Organismus festlegen. Die restlichen 95 % werden zwar ebenfalls nach den Regeln der Vererbung von Eltern an ihre Kinder weitergegeben, gelten aber derzeit als „Evolutionsmüll". Ein Großteil davon setzt sich aus ständig wiederholten Sequenzen (repetitive DNA) mit unterschiedlicher, individueller Länge zusammen. Diese relativ kurzen DNA-Sequenzen können in hundert- bis millionenfachen Wiederholungen aneinandergereiht sein. Unterschiedlich ist also bei jedem Menschen die Kopienzahl derartiger Sequenzen an der gleichen Position im Erbgut. Der Entdecker der individuellen Abweichungen innerhalb der repetierten Abschnitte, der britische Genetiker A. JEFFREYS, nannte diese „Minisateliten".

Im Verfahren des DNA-fingerprinting wird eine Probe menschlicher DNA mit spezifischen Restriktionsenzymen geschnitten. Die entstehenden Fragmente, jedes mit einer anderen Masse, werden durch Elektrophorese getrennt. Das heißt, die Bruchstücke werden in Genen der Größe nach sortiert, da im elektrischen Feld kleine Stücke schneller und größere nur langsam vorankommen. Fragmente, die Wiederholungen beinhalten, werden mittels radioaktiver genetischer Sonden markiert und hinterlassen daher an den markierten Positionen auf einem Röntgenfilm einen dunklen Strich. Dies führt zu einer Reihe von Bändern, die die Länge der Fragmente, mit Wiederholungen durch ihre Position zeigen. Es entsteht ein komplexes Banden-Muster auf dem Röntgenfilm. Auf diese Weise kann man für jedes Individuum auf der Welt ein einzigartiges Muster von Banden erstellen.

In der folgenden Untersuchung wird der Prozeß der Erstellung und Verwendung von DNA-Fingerabdrücken simuliert.

Material:

Schere, Buntstifte und kariertes Papier

Durchführung:

Der Versuch wird partnerschaftlich mit dem Banknachbarn durchgeführt.

Die folgende Tabelle beschreibt für fünf Individuen das Muster der Gene und Wiederholungen eines bestimmten DNA-Abschnitts. Diese Information wird dazu verwendet, ein Modell des DNA-Abschnitts für jede der fünf fiktiven Personen zu konstruieren.

Individuen	DNA- Sequenzen														
1	G1	G2	10R	G3	4R	G4	G5	7R	G6	6R	G7	G8	9R	G9	5R	G10
2	G1	G2	1R	G3	15R	G4	G5	3R	G6	2R	G7	G8	4R	G9	2R	G10
3	G1	G2	11R	G3	8R	G4	G5	5R	G6	3R	G7	G8	7R	G9	2R	G10
4	G1	G2	6R	G3	2R	G4	G5	9R	G6	7R	G7	G8	1R	G9	13R	G10
5	G1	G2	4R	G3	5R	G4	5G	12R	G6	4R	G7	G8	3R	G9	10R	G10
	G = Gen				R = Repeats (engl. Wiederholungen)											

a) Schneiden Sie einen langen, zwei Kästchen breiten Streifen kariertes Papier zurecht! Am Oberteil beginnend, beschriften Sie das erste Kästchen mit G1, das zweite mit G2!

b) Schreiben Sie für jede Wiederholung ein R in das folgende Kästchen! Zum Beispiel würden die 10 folgenden Kästchen bei Person 1 ein R enthalten.

c) Fahren Sie fort die Kästchen bis G10 zu beschriften und achten Sie darauf, die entsprechende Anzahl R (Wiederholungen!) an die richtigen Stellen zu schreiben! Schreiben Sie die Nummer des Individuums auf die Rückseite des Streifens (Muster 1)!

d) Falten Sie ein neues, kariertes DIN-A4-Blatt längs in sechs Teile! Falten Sie es auseinander und nummerieren Sie jedes zweite Kästchen am linken Rand von unten beginnend mit 1 bis 25! Dieses Blatt wird dazu verwendet, die DNA-Fingerabdrücke der Individuen 1 bis 5 und eines unbekannten Kriminellen festzuhalten. Beschriften Sie die erste der sechs Längsspalten mit 1 für Individuum 1, die zweite mit 2 usw.! Die letzte wird mit „Krimineller" beschriftet (Muster 3).

e) Wählen Sie eine der fünf Personen als Kriminellen aus! Stellen Sie ein Duplikat des DNA-Streifens für diese Person nach den Schritten 2–4 her! Achtung! – Sagen Sie Ihrem Banknachbarn nicht, welche Person Sie gewählt haben!

f) Schneiden Sie den Streifen, der die DNA des Kriminellen darstellt, zwischen den Genen 4 und 5 sowie 7 und 8 durch! Dies symbolisiert das Schneiden der DNA mit den entsprechenden Restriktasen (Muster 2).

g) Ordnen Sie die drei „Fragmente" des DNA-Streifens der Größe nach, den längsten zuerst! Dadurch wird die Trennung der DNA-Fragmente währed der Elektrophorese symbolisiert.

h) Zählen Sie die Anzahl der Kästchen im längsten DNA-Abschnitt und malen Sie das Kästchen – in der Spalte der von Ihnen gewählten Person in der Datentabelle aus Schritt 5 – direkt gegenüber dieser Zahl aus! Wiederholen Sie dieses Verfahren mit den beiden kürzeren Abschnitten! Sie sollten jetzt insgesamt drei Markierungen in dieser Spalte haben, durch die die Markierung mittels der radioaktiven genetischen Sonden simuliert wird und die auf dem Röntgenfilm das spezifische Banden-Muster hinterlassen. Das gewonnene Ergebnis repäsentiert den „genetischen Fingerabdruck".

i) Fertigen Sie für die restlichen vier Personen nach dem gleichen Modus die entsprechenden DNA-fingerprints an!

j) Tauschen Sie den Fingerabdruck Ihres „Kriminellen" mit dem Ihres Banknachbarn!

Muster 1	**Muster 2**			**Muster 3**						
G1	G1	G5	G8		1	2	3	4	5	Krim.
G2	G2	R	:	25						
R	R	R	:							
R	R	G6		24						
R	R	R								
G3	G3	G7		23						
R	R									
R	R			22						
R	R			:						
G4	G4			:						
G5				:						
R				3						
R										
G6				2						
R										
G7				1						
G8										

Beobachtungen:

a) Sind die DNA-Fingerabdrücke der fünf Testpersonen individuell?

b) Wer war der „Kriminelle" Ihres Banknachbarn?

Kritische Diskussion:

c) In der Justiz bleibt vor allem die alleinige Anwendung der DNA-Fingerprint-Analyse als Beweismittel, um einen Tatverdächtigen rechtskräftig zu verurteilen, heftig umstritten.

Diskutieren Sie das Pro und Kontra derartiger Auffassungen!

d) Über die Gerichtsmedizin hinaus ergeben sich auch in der biologischen Grundlagenforschung breite Anwendunsmöglichkeiten für dieses molekulargenetische Arbeitsverfahren.
Erklären Sie diesen Sachverhalt aus evolutionsbiologischer Sicht!

12. Welche der folgenden Nukleinsäuremoleküle können in den Zellkernen Ihrer eigenen Zellen gefunden werden bzw. in den Zellen des Darmbakteriums Escherichia coli im Verdauungssystem unseres Organismus oder in beiden?

	Mensch	E.coli	beide		Mensch	E.coli	beide
a) ringförmige DNA-Moleküle				d) in Nukleosomen gewundene DNA			
b) DNA mit Adenin–Thymin- und Guanin–Cytosin–Basenpaaren				e) Gene mit Syntheseanweisungen für Proteine und ribosomale RNA			
c) DNA in 46 linearen Molekülen				f) an DNA gebundene Histone			

13. Der Beweis dafür, dass die Desoxyribonukleinsäure das genetische Material aller Organismen – vom kleinsten, einzelligen Bakterium bis zum hochkomplexen, mehrzelligen Säugetier – darstellt, wurde auf verschiedene Art und Weise erbracht:

    1. Die DNA ist die Substanz, die während der bakteriellen Transformation die genetische Information auf ein bakterielles Genom transferiert (Pneumokokken-Versuche von AVERY 1944).
    2. Wenn ein Bakteriophage den genetischen Apparat einer bakteriellen Wirtszelle lahmlegt, dann erfolgt dies ausschließlich durch die Injektion der Phagen-DNA (HERSHEY/CHASE 1952).
    3. Die DNA aller Individuen einer Art besitzen ein konstantes Verhältnis der Standardbasen A zu T sowie C zu G und dieses differiert gegenüber den Basenrelationen aller anderen Spezies.
    4. Bei fast allen Arten besitzen die Körperzellen der Individuen der gleichen Art den gleichen Chromosomensatz bzw. DNA-Gehalt und die Geschlechtszellen jeweils die Hälfte. Die Zellen von Organismen verschiedener Arten haben einen unterschiedlichen DNA-Gehalt.

    a) Überprüfen Sie diese Aussagen zur Desoxyribonukleinsäure als Erbsubstanz auf ihre Richtigkeit!
    b) Nennen Sie Beispiele aus dem Tier- oder Pflanzenreich, für die die Aussage 4 keine uneingeschränkte Gültigkeit besitzt!

14. a) Beschreiben Sie das Grundprinzip der genetischen Codierung!
    b) Durch welche charakteristischen Merkmale zeichnet sich diese Art der Verschlüsselung aus?
    c) Erklären Sie diese Merkmale! Erläutern Sie deren genetische bzw. evolutionsbiologische Bedeutung!
    d) Welche proteinogenen Aminosäuren werden nicht degeneriert verschlüsselt?

    e) Nennen Sie die Codone, die für die „genetische Grammatik" von besonderer Bedeutung sind!

15. Abbildung 31.1, die sogenannte Code-„Sonne", zeigt die Verschlüsselung der 20 proteinogenen Aminosäuren durch die entsprechenden Nucleotidtripletts der **m-RNA**.
Sie muss von innen (5'-Ende des Codons) nach außen (3'-Ende) gelesen werden.

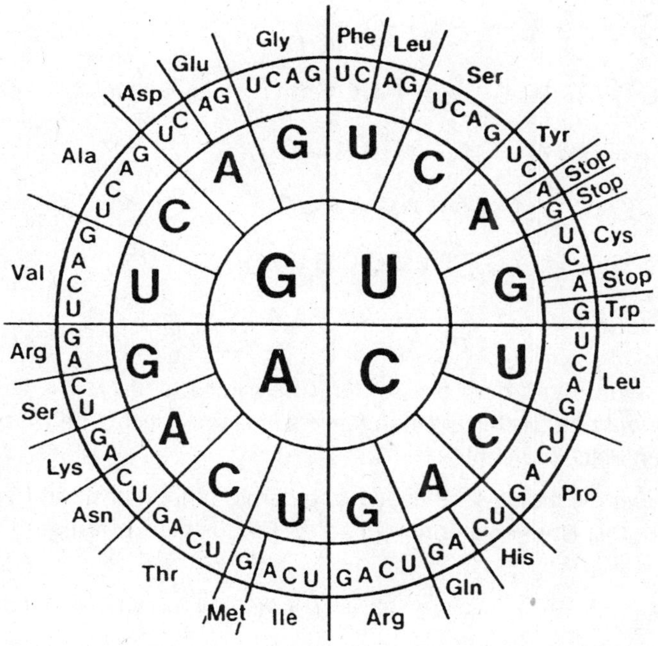

Abb. 31.1 Code-„Sonne"

In der folgenden Tabelle werden für einige Struktur- und Funktionsproteine bzw. Peptide charateristische Molekülausschnitte der Primärstruktur mit jeweils acht Aminosäureresten dargestellt.

Proteine	Aminosäuresequenzen
Elastin	Gln - Gln - Gly - Cys - Asp - Ile - Phe - Phe
Somatotropin	Gln - Gln - Gls - Met - Met - Phe - Ser - Trp
Casein	Ala - Asn - Cys - Gln - His - Leu - Met - Pro
Fibrinogen	Lys - Gln - Glu - Leu - Leu - Ser - Asn - Asn
Gammaglobulin	Arg - Asp - Ala - Gly - His - Lys - Pro - Pro
Insulin	Gly - Ile - Val - Glu - Gln - Cys - Cys - Ala
Pepsin	Val - Trp - Thr - Thr - Thr -Thr - Ala - Arg
Renin	Val - Trp - Thr -Thr - Thr - Ile - Ala - Arg
Actin	Arg - Gly - Glu - Met - Pro - Trp - Val - Asn
Myosin	Arg - Gly - Glu - Pro - Met - Trp - Val - Asn
Kollagen	Phe - Pro - Ser - Thr - Trp - Tyr - Val - Gly
Albumin	Ser - Ser - Thr - Gln - Ala - Tyr - Val - Ala

a) Identifizieren Sie mit Hilfe der gegebenen Informationen die in den folgenden sieben DNA-Abschnitten verschlüsselte Aminosäuresequenz und benennen Sie die entsprechenden Proteine bzw. Peptide!

1. G T C G T C C C G A C A C T A T A A A A A A A G ______
2. T T T G T T C T C A A C A A C A G A T T A T T A ______
3. C G T T T G A C G G T C G T G G A A T A C G G G ______
4. A A G G G T A G A T G G A C C A T A C A A C C G ______
5. G T T G T T C T C T A C T A C A A A A G A A C C ______
6. G C A T T A C G G C A C G T G T T T G G G G G A ______
7. C G G C C G C T T T A C G G G A C C C A A T T A ______

b) Der Name „Protein" wurde von dem berühmten Chemiker J. v. BERZELIUS geprägt und um 1840 in einem Lehrbuch erstmals verwendet. Die Bezeichnung geht auf einen griechischen Wortstamm zurück und bedeutet so viel wie „den ersten Platz einnehmen".

Informieren Sie sich über die biologische Bedeutung der von Ihnen bestimmten Proteine (Aufg. 15.a) im menschlichen Organismus! Ist die Benennung nach BERZELIUS gerechtfertigt?

1. ______
2. ______
3. ______
4. ______
5. ______
6. ______
7. ______

Proteinsynthese

1. Der genetische Fachbegriff Transkription leitet sich vom lateinischen Wortstamm transcriptio = Umschrift ab. Ist dieses Begriffsbild zutreffend? Begründen Sie!

______

______

______

______

2. a) Transkription kann allgemein auch als RNA-Synthese bezeichnet werden. Welche drei Arten zu umschreibender Gene müssen demnach auf der DNA unterschieden werden?

   b) Ordnen Sie den drei prinzipiellen Transkriptionsprodukten biologische Funktionen zu!

	a) ______-RNA	b) ______-RNA	c) ______-RNA
Funktionen			

3. Die Transkription wird durch RNA-Polymerasen katalysiert. Einige Viren, die sogenannten Retroviren, verfügen über ein sehr interessantes Enzym, die reverse Transkriptase (wird häufig auch als Umkehrtranskriptase oder Revertase bezeichnet).

   a) Inwieweit widerspricht die Wirkungsweise dieses Enzyms dem sogenannten „molekulargenetischen Dogma"?

   b) Welche Anwendungsmöglichkeiten haben derartige Enzyme in der Gentechnik?

   c) Beschreiben Sie die genetischen Besonderheiten der Retroviren!

   d) Informieren Sie sich in einem Lehrbuch zur Vermehrungsstrategie der AIDS-Viren!

4. Die Abbildung 33.1 zeigt einen möglichen Grundbaustein für die RNA-Synthese.

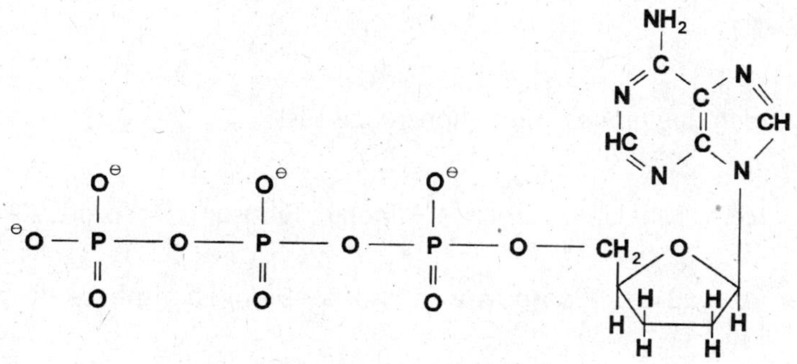

Abb. 33.1 Grundbaustein für die RNA-Synthese

   a) Beschriften Sie die Abbildung hinsichtlich der Monomere!

   b) Bei dem dargestellten Nukleotid handelt es sich um das Adenosin-5'-Triphosphat, kurz ATP! Welche biologische Bedeutung hat diese Substanz im Stoff- und Energiewechsel?

   c) Nennen Sie die weiteren Grundbausteine für die RNA-Synthese!

5. Warum werden die zu transkribierenden Gene von vielen RNA-Polymerasen hintereinander „gelesen"?

6. Hinsichtlich des Prozessablaufs lässt sich die Transkription in drei Phasen untergliedern:

   1. Initiation – Kettenstart 2. Elongation – Kettenwachstum 3. Termination – Kettenabbruch

   Beschreiben Sie die wesentlichen Vorgänge in den einzelnen Stadien der RNA-Synthese!

7. Über 90 % der in unseren gemäßigten Breiten tödlich verlaufenden Pilzvergiftungen sind auf die Amatoxine und Phallotoxine des grünen Knollenblätterpilzes (Amanita phalloides) und verwandter Arten zurückzuführen.Die molekulare Wirkung dieser Gifte beruht auf einer spezifischen Hemmung des Enzyms RNA-Polymerase II bei Eukaryoten.
Erläutern Sie die möglichen Auswirkungen derartiger Toxine auf den menschlichen Organismus!

8. In der Abbildung 34.1 sind die verschiedenen Phasen der Ausbildung des Initiationskomplexes (Startphase der Translation) beim Bakterium E. coli schematisch dargestellt.

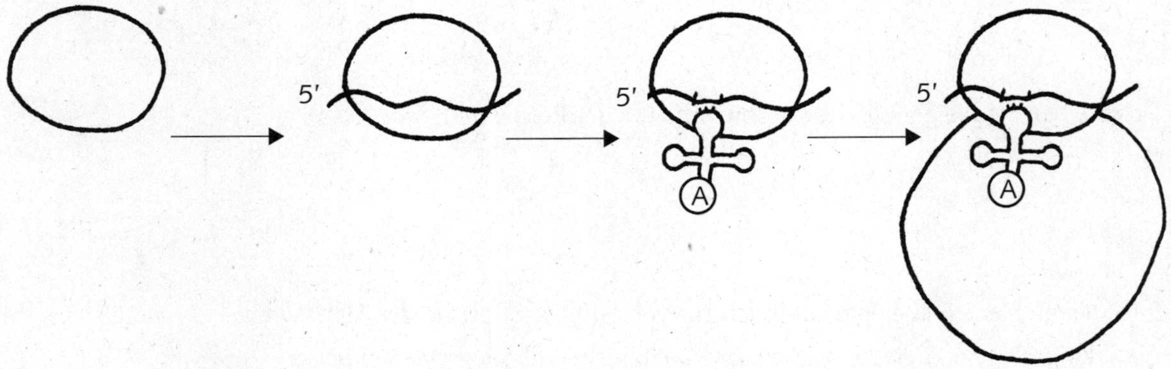

Abb. 34.1 Ausbildung des Initiationskomplexes bei E. coli

a) Beschreiben Sie anhand der Abbildung 34.1 den Beginn des Translationsprozesses!
Benutzen Sie dazu die folgenden Begriffe:
t-RNA, m-RNA, kleine (30S) Untereinheit, große (50S) Untereinheit, Methionin, Ribosom, Donorort, Akzeptorort, Codon, Anticodon!

b) Die Abbildung 34.2 zeigt den prinzipiellen Aufbau des Ribosoms während der Elongationsphase (Kettenwachstum).

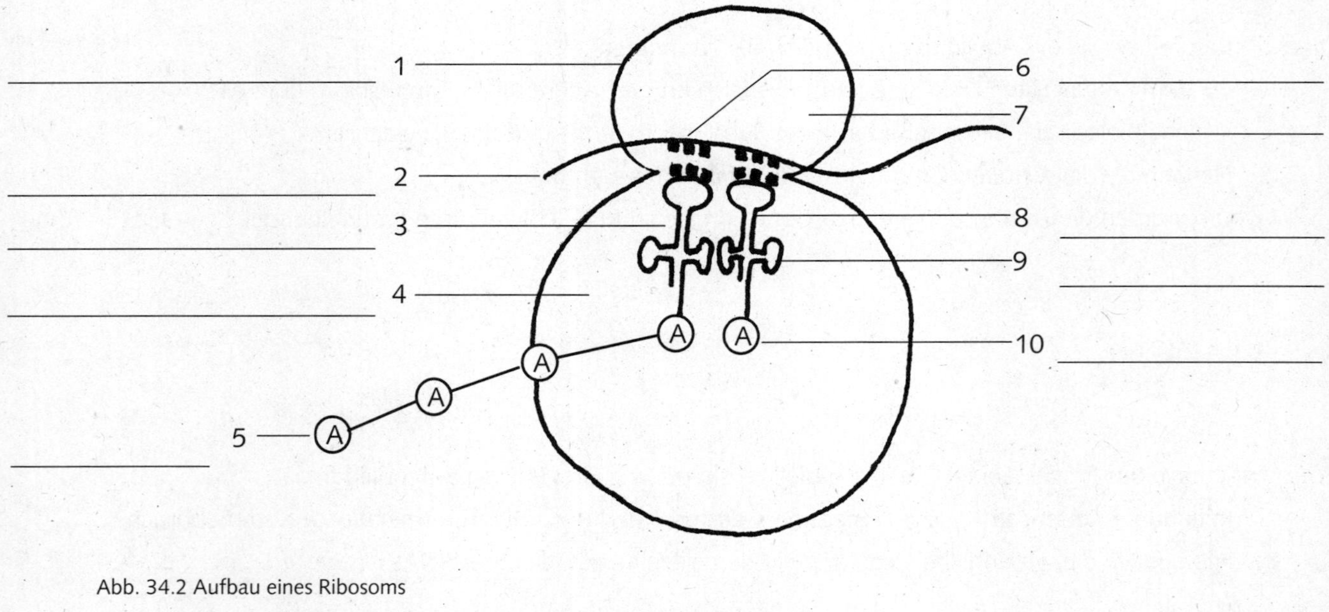

Abb. 34.2 Aufbau eines Ribosoms

Ordnen Sie den Ziffern die entsprechenden Begiffe zu!

c) Beschreiben Sie anhand von Prinzipskizzen die einzelnen Schritte eines Elongationszyklus (Kettenwachstumsphase)! Orientieren Sie sich am gegebenen Ausgangspunkt und der entsprechenden Symbolik in Abbildung 35.1!

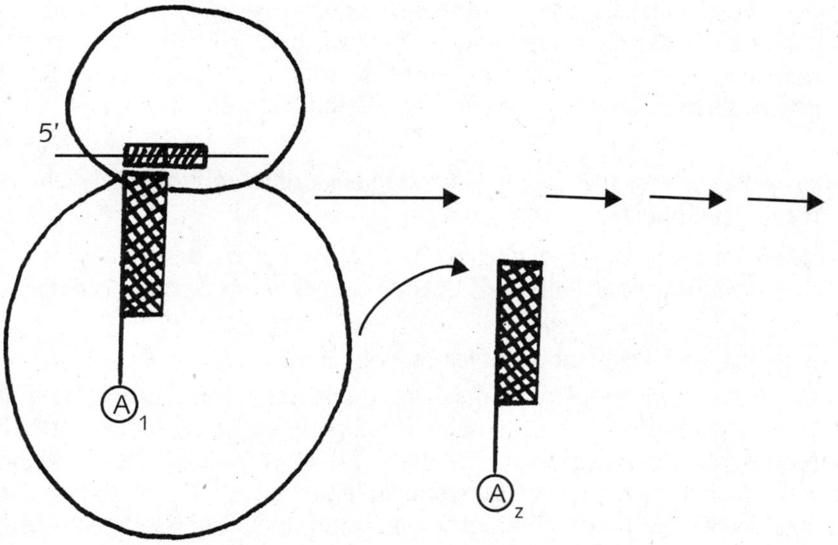

Abb. 35.1 Elongationszyklus

9. Der Mensch ist nicht in der Lage, alle 20 proteinogenen Aminosäuren selbst zu synthetisieren. Diese sogenannten essentiellen Aminosäuren müssen mit der Nahrung aufgenommen werden.
   Welche Auswirkungen hat, bedingt durch einseitige Ernährung, der Mangel einer essentiellen Aminosäure auf das Translationsgeschehen?
10. Die Codone UAA (ochre = ocker), UAG (amber = bernsteinfarben) und UGA (opal) werden als sogenannte Nonsens- bzw. Nichtsinncodone bezeichnet.
    Was versteht man darunter?
    Beschreiben Sie die Wirkung auf den Translationsprozeß, wenn ein derartiges Codon im Akzeptorort des Elongationskomplexes auftaucht!
11. Chloramphenicol ist ein Antibiotikum, welches durch den Pilz Streptomyces venezuelae gebildet wird und eine bakteriozide Wirkung aufweist. Der molekulare Wirkungsmechanimus dieser Substanz beruht auf einer Anlagerung des Chloramphenicols an ein spezifisches Regulatorprotein der 50S-Untereinheit prokaryotischer Ribosomen, wodurch eine Blockierung des Translokationsschrittes während der Kettenwachstumsphase des Translationsprozesses einsetzt.
    a) Welche Wirkung hat das Medikament auf den bakteriellen Stoff- und Energiewechsel?
    b) Begründen Sie, dass sich derartige Pharmaka durch eine selektive Wirkung auszeichnen; das heißt, der genetische Apparat menschlicher Zellen wird nicht geschädigt!
    c) Trotzdem sind von Antibiotika Nebenwirkungen bekannt. So kann es zum Beispiel zu Verdauungsbeschwerden kommen. Erklären Sie diese Erscheinung!
    d) Was versteht man unter einer Antibiotika-Resistenz? Wo sind die dafür verantwortlichen Gene im bakteriellen Genom lokalisiert?
    e) Antibiotika-Resistenz beruht nicht auf Gewöhnungseffekten, sondern basiert auf Mutations- und Selektionsvorgängen. Erklären Sie den Wirkungsmechanismus!
    f) Warum beinhalten moderne bakteriostatische bzw. bakteriozide Medikamente häufig eine Kombination verschiedener Antibiotika?

12. Werten Sie die folgende Aussage des deutschen Nobelpreisträgers von 1935, H. SPEMANN, zur embryonalen Entwicklung eines Individuums unter dem Aspekt von Zelldifferenzierung und differentieller Genexpression!
„Eine Entwicklung hebt an und geht fort unter beständiger Zellteilung, bis sich die eine Eizelle zu dem Millionenheer von Zellen vermehrt hat, aus denen der fertige Organismus besteht. Geheimnisvollen Gesetzen gehorchend, ordnen sich diese in Scharen, in Gruppen von bestimmter Gestalt; einzelne Zellhaufen lösen sich aus dem Verbande und wandern aus; große Formationen verschieben sich gegeneinander, falten sich zu Röhren und schnüren sich ab als Blasen; so entstehen die Anlagen der Organe. Und nun beginnt etwas Neues, höchst Merkwürdiges! Die Zellen werden untereinander verschieden, sie machen sich bereit für ihren besonderen Beruf im Körper" (H. SPEMANN 1923).

13. Welche drei prinzipiellen Arten von Genen müssen hinsichtlich ihrer Aktivtät in einer differenzierten Zelle unterschieden werden? Informieren Sie sich in einem Lehrbuch!

14. Während der Individualentwicklung des Menschen sind Unterschiede im molekularen Aufbau des Hämoglobins nachweisbar. Man unterscheidet je nach Entwicklungsphase: embryonales Hb P, fetales Hb F und die postnatalen Hämoglobine Hb A und Hb A_2.
Abbildung 36.1 zeigt den schematisierten Aufbau des Hämoglobinmoleküls eines Erwachsenen.
Deutlich sind die vier Polypeptide des quartär strukturierten Proteinmoleküls zu erkennen. Das Molekül besteht aus zwei α-Polypeptidketten mit je 141 Aminosäureresten. Die genetische Information für deren Sequenz ist auf dem Chromosom 16 verschlüsselt. Des Weiteren zwei β-Polypeptidketten mit je 146 Aminosäuren. Die Gene sind auf Chromosom 11 lokalisiert. Jede Kette trägt einen nichtkovalent gebundenen eisenhaltigen Porphyrinring, die Hämgruppe. Die Gesamthämoglobinmenge eines Erwachsenen beträgt 950 g. Darin sind 3,5 g Eisen gebunden, das entspricht 80 % des Gesamtkörpereisens.

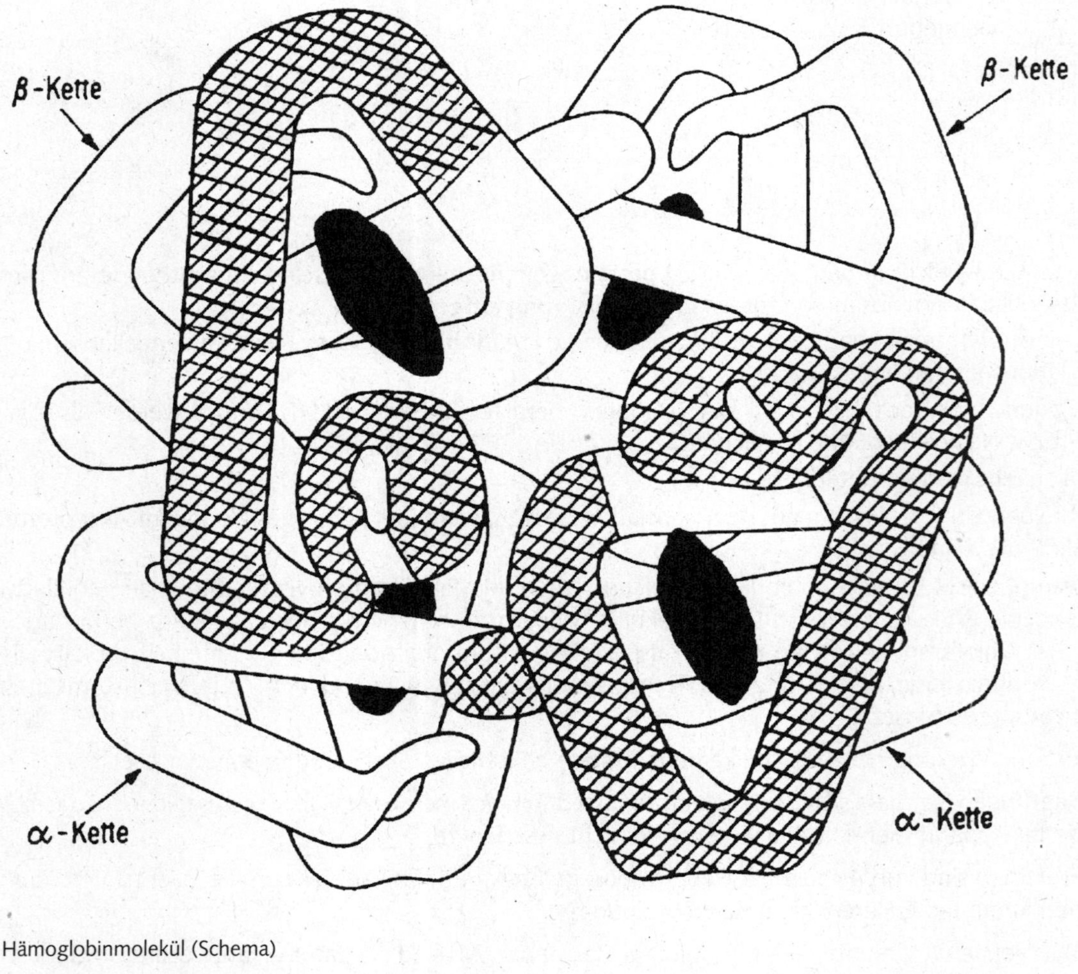

Abb. 36.1 Hämoglobinmolekül (Schema)

a) Definieren Sie die Begriffe Primär- , Sekundär-, Tertiär- und Quartärstruktur eines Makromoleküls und wenden Sie diese Strukturebenen auf den Bau des Hämoglobinmoleküls an!

b) Erklären Sie die biochemischen Grundprinzipien der Sauerstoffbindung durch das Hämoglobin und erklären Sie in diesem Zusammenhang die giftige Wirkung des Kohlenstoffmonooxids.

15. Den prozentualen Anteil der einzelnen Polypeptidketten am Aufbau der verschiedenen Hämoglobinmoleküle sehen Sie in Abbildung 37.1 dargestellt.

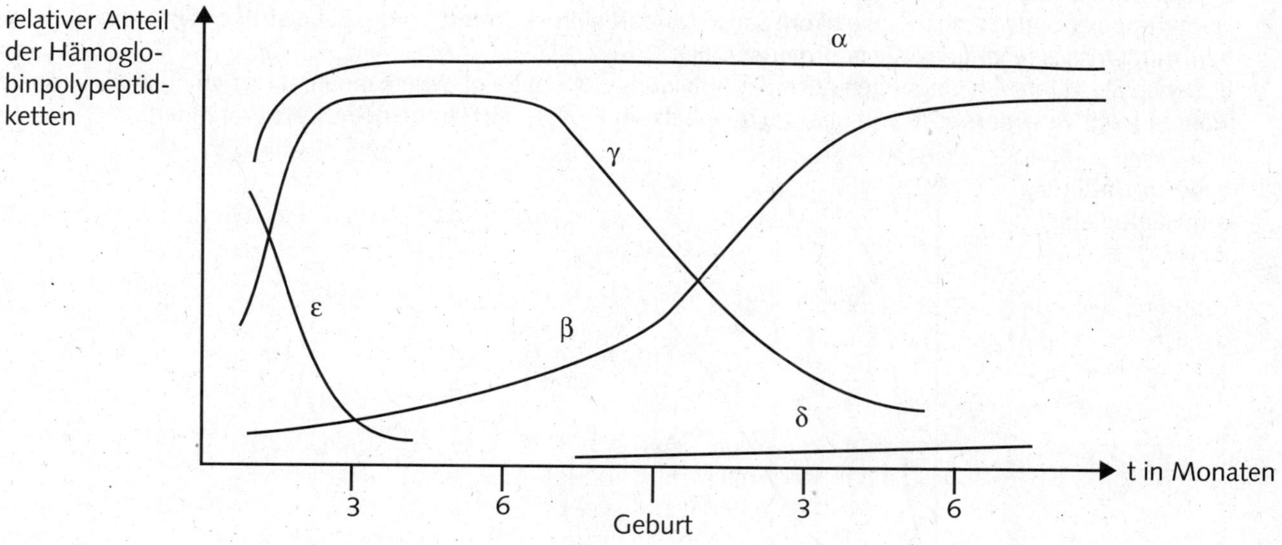

Abb. 37.1 Relativer Anteil der Hämoglobinpolypeptidketten

a) Leiten Sie aus der grafischen Darstellung 37.1 die Zusammensetzung der embryonalen, fetalen und postnatalen (nachgeburtlichen) Hämoglobinarten ab!

b) In der Fachliteratur wird hinsichtlich der β-Ketten (β, γ, δ, ε) von einer Multigenfamilie gesprochen. Interpretieren Sie diese Aussage anhand der Auswertung der grafischen Darstellung und unter Nutzung der Abbildung 37.2!

Sie zeigt, dass sich neben den relevanten Genen auch eine ganze Reihe sogenannter Pseudogene auf den beiden Chromosomen befinden. Diese sind den echten Genen sehr ähnlich, können aber aufgrund von Nonsenscodonen sowie kleinen Deletionen und Insertionen nicht ausgeprägt werden. Vielleicht lassen die Pseudogene perspektivisch Rückschlüsse über die phylogenetische Entwicklung des Hämoglobins zu.

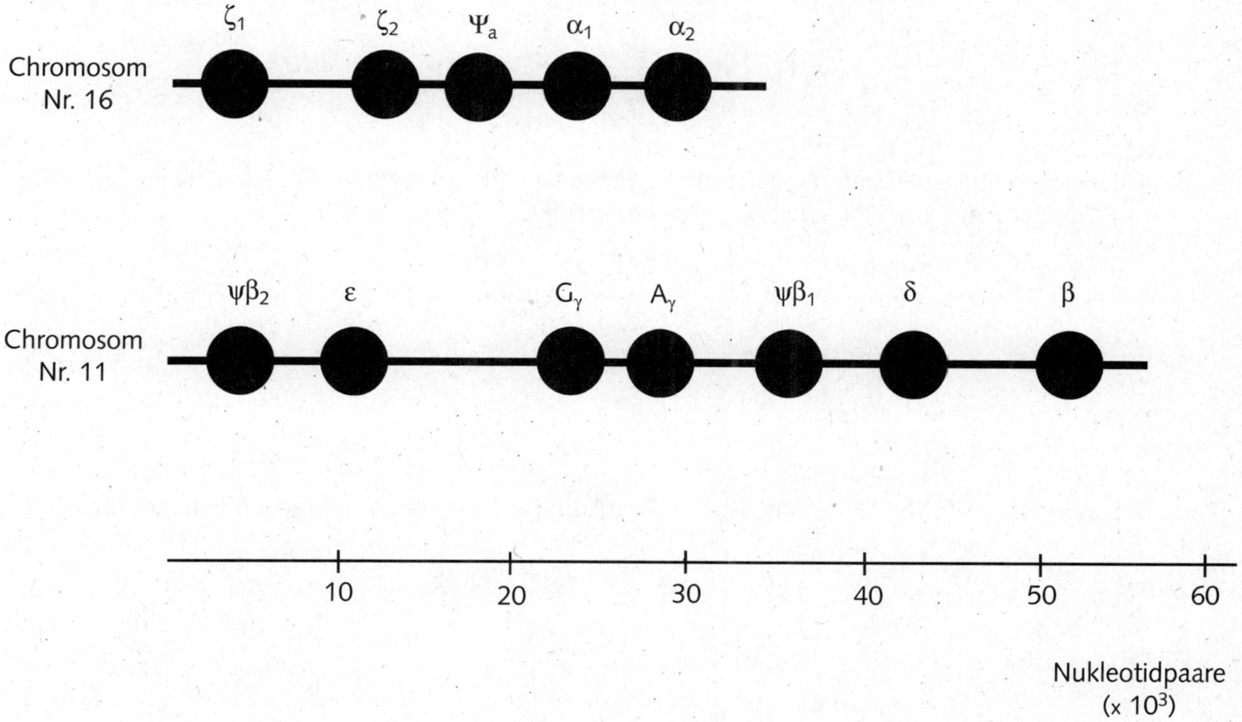

Abb. 37.2 Gene auf Chromosomen

16. Begründen Sie die biologische Bedeutung der differentiellen Aktivität der Gene für die Realisierung der verschiedenen β-Ketten.
Berücksichtigen Sie bei der Beantwortung der Aufgabe folgende Fakten: die Bindung von O_2 an die prosthetische Hämgruppe erfolgt in Abhängigkeit vom Sauerstoffpartialdruck; Transport des Sauerstoff erfolgt vom Ort des hohen zum Ort des niedrigen Sauerstoffpartialdrucks.
Beziehen Sie in Ihre Überlegungen auch die Abbildung 38.1 mit ein! Sie erkennen, dass sich auch bei Amphibien während der Metamorphose von der Kaulquappe zum Frosch das Hämoglobinmuster verändert.

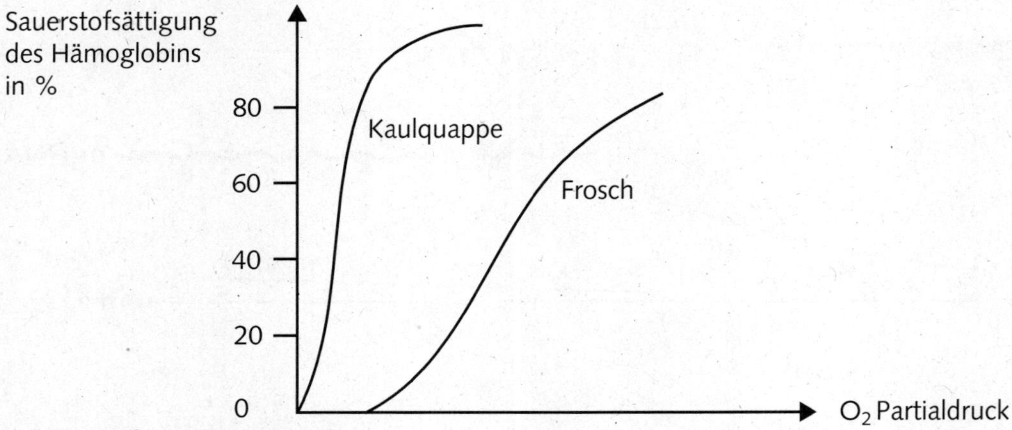

Abb. 38.1 Sauerstoffsättigung des Hämoglobins

17. Entsprechend dem molekulargenetischen Dogma ergibt sich zwischen Geno- und Phänotyp folgende stark vereinfachte Beziehung zur Merkmalsausprägung:

DNA → RNA → PROTEIN

Genetische Information als Nukleotidsequenz → Transkript einer spezifischen Sequenz → Stoffwechselregulator in Form einer spezifischen Aminosäuresequenz – Enzyme

SUBSTRAT → PRODUKT
Biokatalyse

GEN PHÄN

a) Auf welchen Ebenen könnten regulatorische Elemente wirksam werden? Berücksichtigen Sie bei der Beantwortung der Frage auch Ihr Wissen aus der Enzymatik!

b) Die energetisch günstigste Variante ist eine Regulation auf der Transkriptionsebene. Begründen Sie!

18. Im Jahre 1961 wurde von JACOB (geb. 1920) und MONOD (geb. 1910) eine Modellvorstellung veröffentlicht, die auf der Organisationsstufe der Prokaryoten Mechanismen der Aktivierung und Inaktivierung von Genfunktionen auf der Transkriptionsebene veranschaulichte. Als Denkansatz konnte das JACOB-MONOD-Modell des sogenannten Operons in der Folgezeit auch auf Eukaryonten übertragen werden.

Abbildung 39.1 veranschaulicht Ihnen den prinzipiellen Aufbau eines Operons am Beispiel der Enzyminduktion eines katabolen Stoffwechselschrittes.

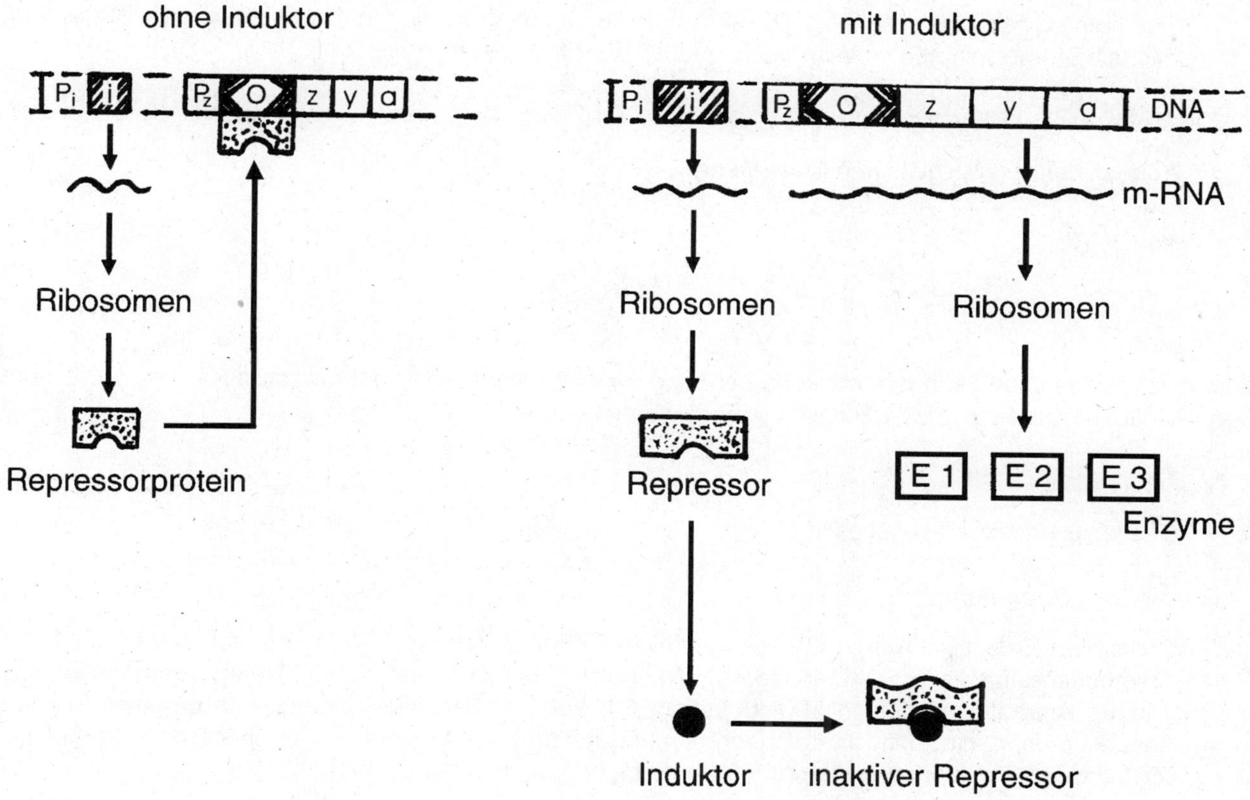

Abb. 39.1 Aufbau eines Operons

Entwickeln Sie am Beispiel der Tryptophansynthese bei E. coli ein schematisiertes Modell, analog der Abbildung 39.1, für die Enzymrepression eines anabolen Stoffwechselschrittes! Verwenden Sie dabei folgende Begriffe: Strukturgen, Operator, Corepressor, Repressor, Regulatorgen, Repressor-Corepressor-Komplex, RNA-Polymerase, Promotor!

19. In der „Deutschen Industrie Norm (DIN)" wird Regulation als ein Vorgang definiert, bei dem eine zu regelnde Größe fortlaufend erfasst, mit der sogenannten Führungsgröße verglichen und im Sinne einer Angleichung an diese Führungsgröße beeinflusst wird.

Übertragen Sie diese Definition auf die Regulation genetischer Aktivität gemäß dem Operon-Modell unter Nutzung der Abbildung 39.1!

20. In einem Experiment kann die Vergärbarkeit verschiedener Kohlenhydrate durch Saccharomyces cerevisiae (Bäckerhefe) halbquantitativ nachgewiesen werden.

Vorbemerkung:

Hefepilze vergären nur diejenigen Kohlenhydrate, die in die Zellen permeieren und dort enzymatisch zerlegt werden können. Bevorzugt sind dies Glucose, Fructose und Saccharose (siehe Backprozess/Hefeteig). Disaccharide werden im Allgemeinen erst nach vorangegangener Hydrolyse vergoren.

Geräte und Chemikalien:

Bäckerhefe, 10%ige Lösungen von Saccharose, Maltose, Glucose, Fructose, Galactose, Mannose, Xylose, Arabinose, Gärröhrchen nach EINHORN, Wärmeschrank, Messzylinder, Messpipetten (1 ml), Reagenzgläser

Durchführung:

Proben von jeweils 2 g Hefe werden mit 20 ml der zu testenden Zuckerlösung so lange geschüttelt, bis sich eine homogene Suspension bildet. Diese Aufschwemmungen werden in Gärröhrchen nach EINHORN umgefüllt, die 30–60 Minuten im Wärmeschrank bei 35–40°C inkubiert werden.

Beobachtung und Ergebnisse:

Ablesen der jeweils gebildeten CO_2–Menge.

Auswertung:

21. In einem Experiment kann die Induktion der Enzymsynthese am Beispiel der Galactosidase von Saccharomyces cerevisiae (Bäckerhefe) qualitativ nachgewiesen werden.

Vorbemerkung:

Siehe Experiment in Aufgabe 20.

Geräte und Chemikalien:

Bäckerhefe, Galactoselösung (10%ig), Nährlösung I (50 g Galactose, 250 mg Ammoniumphosphat, 250 mg Ammoniumsulfat, in 500 ml Aquadest.), Nährlösung II (50 g Arabinose, 250 mg Ammoniumphosphat, 250 mg Ammoniumsulfat, in 500 ml Aquadest.), 250 ml Erlenmeyerkolben, Belüftungseinrichtung (z. B. Aquarienpumpe mit Schlauch, durchbohrtem Stopfen und Ausströmerstein), temperiertes Wasserbad, Wasserstrahlpumpe mit Saugflasche und Filternutsche oder Fritte, Gärröhrchen nach EINHORN

Durchführung:

1. Etwa 10 g frische Bäckerhefe werden in 100 ml Nährlösung in einem Erlenmeyerkolben suspendiert und anschließend belüftet sowie bei 30°C temperiert.
2. Nach 24 Stunden wird die Hefe abgetrennt, mit Wasser gewaschen und erneut nach Arbeitsschritt 1 behandelt.
3. Wiederholung der Prozedur nach den Arbeitsschritten 2 und1.
4. Parallel dazu wird mit Nährlösung II nach den Schritten 1 bis 3 verfahren.
5. Ein Gramm der so vorbehandelten, gewaschenen Hefen wird in 10 ml Galactose-Lösung suspendiert, in ein Gärröhrchen nach EINHORN gefüllt und bei 30°C temperiert.
6. Ein drittes Gärröhrchen wird als Refferenz analog, allerdings mit unbehandelter Bäckerhefe, beschickt.
7. Nach 60 Minuten erfolgt die Messung der Gasentwicklung.

Beobachtung und Ergebnisse:

Ablesen der jeweils gebildeten CO_2–Menge.

Auswertung:

a) Interpretieren Sie die unterschiedliche Gärungsaktivität!
b) Analysieren Sie das Experiment anhand der in Abb. 39.1 demonstrierten Modellvorstellung!
   Wenden Sie gezielt die Fachbegriffe des katabolen Operons der Enzyminduktion an (z. B. Induktor, Repressor, Promotor, Operator, Strukturgen, Regulatorgen)!
c) Warum kann die qualitative Bestimmung der Gärungsaktivität beider Hefesuspensionen auch über den pH-Wert vorgenommen werden?

4 Mutationen

1. Charles DARWIN schreibt 1859: „Die vielen kleinen Unterschiede, die sich bei Nachkommen derselben Eltern zeigen oder bei Individuen derselben Art, die dieselbe begrenzte Örtlichkeit bewohnen, kann man als individuelle Unterschiede bezeichnen... Solche individuelle Unterschiede sind aber für uns von größter Wichtigkeit, denn sie sind häufig ererbt, wie jedem bekannt sein wird."
   a) Erklären Sie das Zitat aus heutiger Sicht! Wodurch werden „individuelle Unterschiede" der Phänotypen hervorgerufen?
   b) Definieren Sie den Begriff „Mutation"!

   c) Warum waren für DARWIN die ererbten Unterschiede von so großer Wichtigkeit?

2. Mutationen können ohne erkennbare äußere Einflüsse entstehen. Zum Beispiel existiert jede der Nukleotidbasen in verschiedenen isomeren Formen, wodurch es zu falschen komplementären Basenpaarungen kommen kann (Abb. 41.1). Diese seltenen isomeren Basenformen treten etwa mit einer Häufigkeit von 10^{-4} bis 10^{-5} auf. Vier solche Isomere A_{Imino}, T_{Enol}, G_{Enol}, C_{Imino} sind, neben der normalen Basenpaarung, dargestellt.
   a) Erklären Sie mit Hilfe der dargestellten Formeln, wie sich die Struktur der Stickstoffbasen verändert hat!

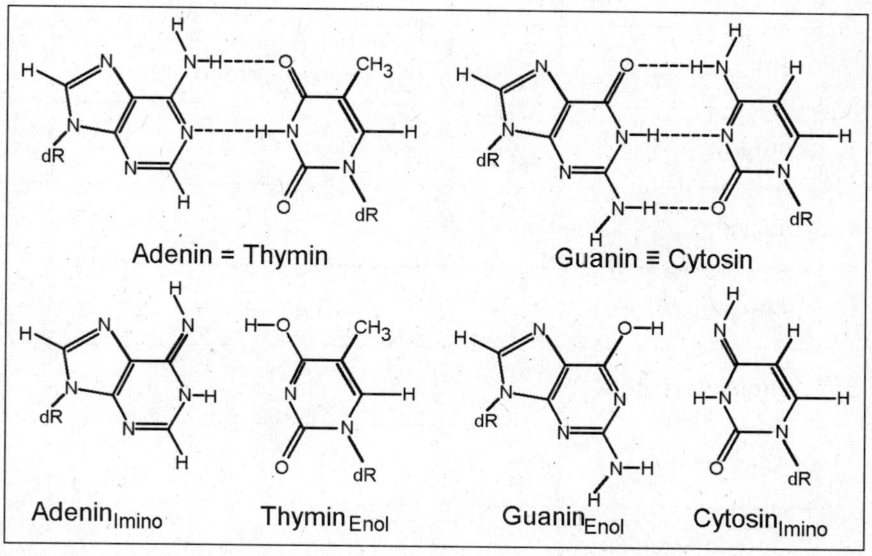

Abb. 41.1 Nukleotidbasen der DNA

   b) Mit Nukleotidbasen kommt es z. B. zu folgenden Fehlpaarungen: $T_{Enol} \equiv G$, $G_{Enol} \equiv T$, $A_{Imino} = C$, $C_{Imino} = A$. Stellen Sie analog zur Abbildung 41.1 zwei „falsche" Paarungen in Formelschreibweise dar!

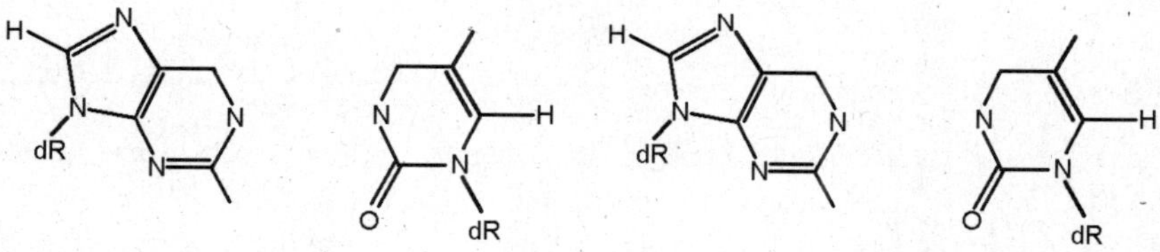

Abb. 41.2 Fehlpaarungen der Nukleotidbasen

   c) Erklären Sie, wobei derartige Fehlpaarungen im Genom zustande kommen können! Welche Folgen ergeben sich daraus für den betroffenen Organismus?

3. Mutationen der verschiedensten Formen werden auch von in der Umwelt vorkommenden mutagenen Agenzien ausgelöst.
   a) Ergänzen Sie in der Tabelle die möglichen Quellen oder die Herkunft der angegebenen Mutagene mit Hilfe zusätzlicher Literatur!

Quellen und Herkunft von Mutagenen		
Mutagene	**Natürliche Quellen**	**Anthropogene Quellen**
chemisch:		
Afatoxin		
Colchinin		
Nitrit		
Senfgase		
Dioxine		
physikalisch:		
Temperaturschock		
UV-Strahlung		
Röntgen-Strahlung		
α-, β, γ-Strahlung		

   b) Erörtern Sie, worin die besondere Gefährlichkeit anthropogener Mutagene für Mensch und Natur besteht! Gehen Sie auf Schutzmaßnahmen ein!

4. Mutagene wirken häufig auch krebserzeugend. Die Entstehung von Krebs steht unter anderem in Verbindung mit Fehlregulationen der Proteinsynthese oder der Existenz von Krebsviren bzw. -genen.
   Diskutieren Sie, welche Zusammenhänge es zwischen Erzeugung von Krebs und Auslösung von Mutationen geben kann!

5. a) Vervollständigen Sie die Übersicht!

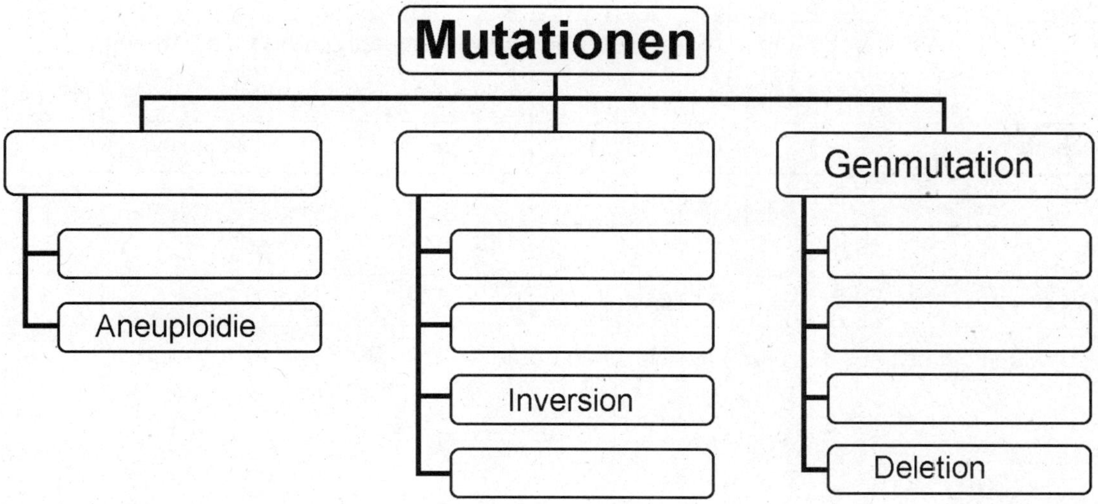

Abb. 43.1 Mutationsarten

b) Charakterisieren Sie die drei Hauptformen von Mutationen!

______________	______________	Genmutation
______________	______________	______________
______________	______________	______________
______________	______________	______________
______________	______________	______________
______________	______________	______________

6. Der deutsche Zoologe und Embryologe Weismann (1834–1914) grenzte bereits 1892 Keimzellen von denen des Körpers ab. Vergleichen Sie die Auswirkungen von Mutationen auf beide Zelltypen!

7. Das 1819 von v. Pelletier und Caventou entdeckte Gift der Herbstzeitlosen, das Colchicin, hemmt die Bildung von Mikrotubuli und somit den Aufbau des Spindelapparates zur Mitose. Avery und Blakeslee führten dieses Gift schließlich 1937 zur Polyploidieforschung ein.

a) Erklären Sie, wie Tetraploidie durch dieses Gift in einzelnen vegetativen Zellen im Zuge der Mitose entstehen kann!

b) Die aus solchen Zellen entstehenden Gewebe und Pflanzenteile sind dann tetraploid.
Welche Auswirkungen ergeben sich, wenn davon auch die Blüten der Pflanzen betroffen sind?

8. Auch in der Natur ist Polyploidie bei Pflanzen, im Gegensatz zu Tieren, durchaus nicht selten. Die Tabelle 44.1 zeigt die Abhängigkeit des Anteils polyploider Arten an der Gesamtflora des Gebietes von seinem Breitengrad.

Anteil polyploider Pflanzenarten in bestimmten geographischen Räumen					
Gebiete	Polyploidie in %	Gebiete	Polyploidie in %	Gebiete	Polyploidie in %
Nordsahara	37,8	Dänemark	53,5	Insel Kolgujew	64,0
Cykladen	37,0	England	53,3	Faröer	70,1
Ungarn	48,6	Schweden	56,9	Island	72,1
Zentraleuropa	50,9	Norwegen	57,6	Spitzbergen	76,2

a) Beschreiben Sie den aus der Tabelle ersichtlichen Zusammenhang!

b) Erörtern Sie mögliche Ursachen der zunehmenden Polyploidie!

c) Begründen Sie die Entstehung der höheren Variabilität durch Polyploidie!

d) Als Beispiel soll die Kreuzung von zwei reinerbig tetraploiden Tomatenformen dienen. Dabei ist das Allel für rotes Fruchtfleisch dominant (Gensymbol R) und das für das gelbe rezessiv (Gensymbol r). Ein R im Chromosomensatz der Bastarde genügt, damit das Fruchtfleisch rot wird.

Geben Sie die möglichen Genotypkombinationen und das Phänotypverhältnis für die F_2-Generation an! Vervollständigen Sie dazu die Abbildung 44.1!

Genotypkombinationen:

Phänotypaufspaltung:

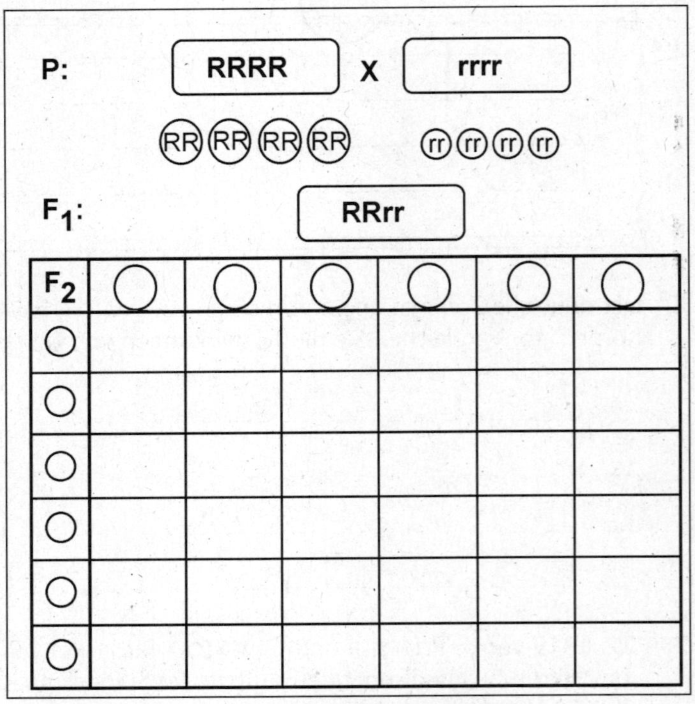

Abb. 44.1 Kreuzungsschema tetraploider Tomatenformen

9. In der Pflanzenzucht und der dazugehörigen Forschung spielen euploide Pflanzen eine große Rolle. So besitzen die heutigen Weizensorten 42 Chromosomen in den Zellen. Die ursprüngliche Wildsorte aber nur 14 Chromosomen. Es werden aber auch Pflanzen gezüchtet, die haploid sind. Das macht man mit unreifen Pollen, die durch Stimulation zur Mitose angeregt werden.
Welche Bedeutung haben derartige Pflanzen für die Wissenschaft und Pflanzenzüchtung?

10. Gelegentlich treten Pflanzen auf, die überdurchschnittlich große Früchte und einen besonders kräftigen Wuchs aufweisen. Untersucht man die Chromosomenzahl, so kann man eine Verdopplung feststellen.
Wie nennt man dieses Phänomen? Wodurch kann man eine solche Verdopplung gezielt auslösen?

11. Ein triploides Individuum
   – ist das Ergebnis einer Duplikation ❑, – hat eine 2n+1 Chromosomenzahl ❑,
   – hat eine 3n Chromosomenzahl ❑, – stammt von Zellen, deren Chromosomen sich in der Mitose nicht teilten ❑. Markieren Sie die richtige Aussage!

12. Die Nichttrennung (Non-disjunction) einzelner Chromosomenpaare während der Meiose oder der Schwesternchromatide während der Mitose führen zu Aneuploidien. Körperzellen, die vom betroffenen Chromosom nur ein Exemplar aufweisen (Monosomie), sterben in der Regel ab.

   a) Stellen Sie die Entstehung von Aneuploidien durch meiotische Non-disjunction schematisch mit einem Chromosomenpaar dar! Unterscheiden Sie dabei die erste und zweite meiotische Teilung! Ergänzen Sie die beiden Beispiele durch Befruchtung mit normalen Samenzellen!

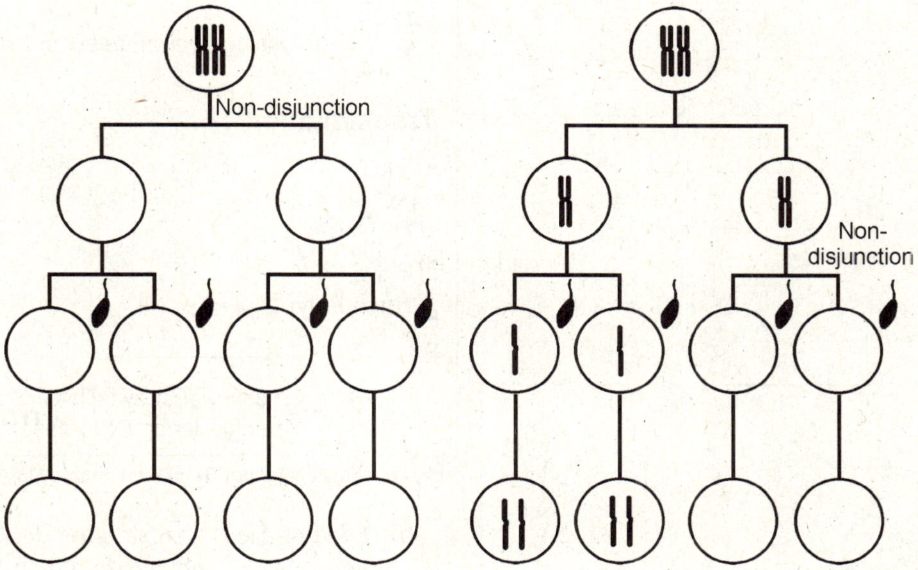

Abb. 45.1 Entstehung von Aneuploidien durch meiotische Non-disjunction

   b) Analysieren Sie die entstandenen Aneuploidien aus statistischer Sicht! Worin unterscheiden sich die Störungen in der ersten und zweiten Phase der Meiose?

   ____

   ____

   ____

   c) Erläutern Sie, welche Folgen die Nichttrennung eines Chromatidenpaares während der Anaphase der Mitose hätte!

   d) Non-disjunction
      – findet statt, wenn homologe Chromosomen in der Meiose I nicht vollständig voneinander getrennt werden, ❑
      – findet statt, wenn sich Schwesternchromatide in der Meiose II nicht vollständig trennen, ❑
      – kann zu Trisomien und Monosomien führen, ❑
      – wird durch die Aussagen 1 bis 3 richtig erklärt. ❑

   Markieren Sie die richtige Aussage!

13. Der Verlust eines Chromosoms wiegt bei Aneuploidien in der Regel schwerer als ein Überschuss und wirkt sich meist letal aus. Erklären Sie diese Aussage!

   ____

   ____

14. Die Entstehung von Chromosomenmutationen wird entweder nach der sogenannten Austausch-Hypothese, als Folge von fehlerhaftem, illegitimen Crossing over erklärt oder nach der Bruch-Reunions-Hypothese, als Folge von Strangbrüchen und ihren Fehlreparaturen.

a) Erklären Sie die Entstehung von Duplikationen und Translokationen nach der Austausch-Hypothese! Vervollständigen Sie dazu auch die Abbildung 46.1!

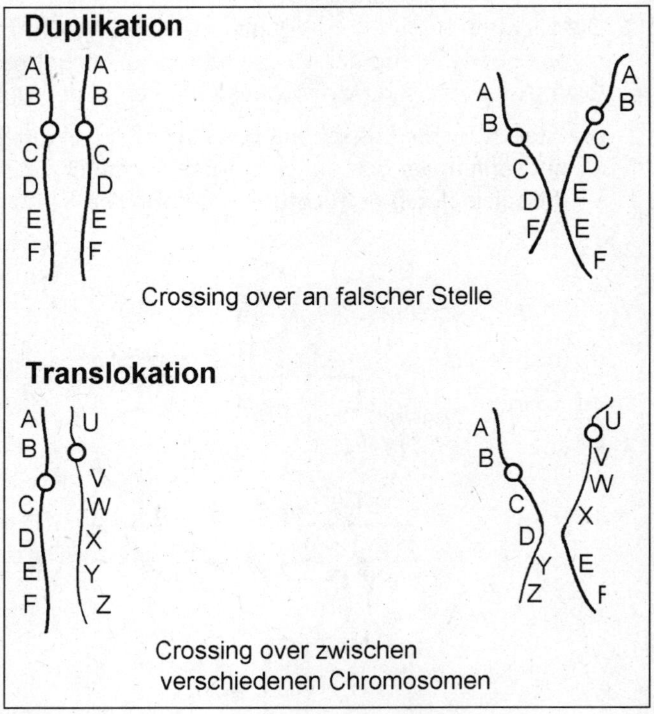

Abb. 46.1 Entstehung von Translokation und Duplikation

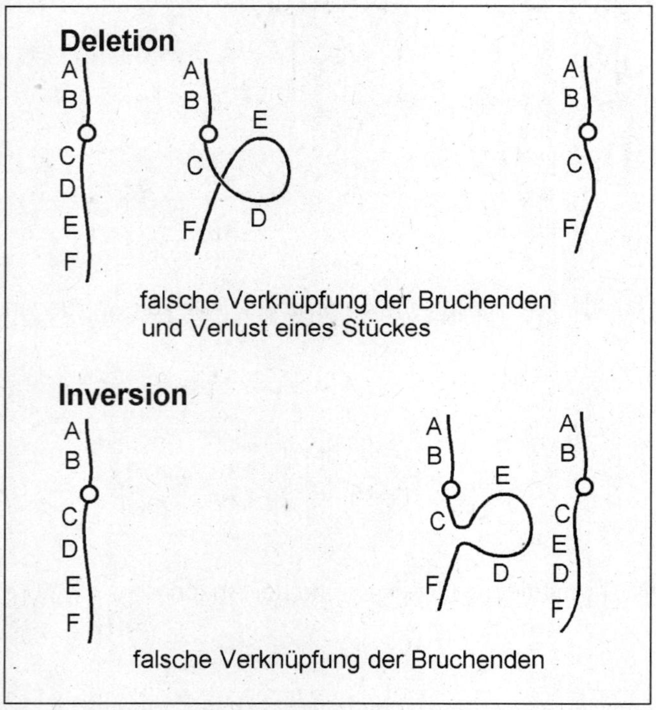

Abb. 46.2 Entstehung von Deletion und Inversion

b) Erklären Sie die Entstehung der Deletion und Inversion entsprechend der Bruch-Reunions-Hypothese! Vervollständigen Sie dazu auch die Abbildung 46.2!

15. Bei Translokationen
- verbindet sich ein Fragment eines Chromosoms mit seinem homologen Chromosom, ❑
- verbindet sich ein Fragment eines Chromosoms mit einem nichthomologen Chromosom, ❑
- hat der Bruch und die Neuverknüpfung des Chromosoms keine Auswirkung auf den Phänotyp, ❑
- zeigt die Nachkommenschaft eine Aneuploidie. ❑

Markieren Sie die richtige Aussage!

16. Welche der folgenden Chromosomenaberrationen ändert nicht die genetische Balance, dürfte aber den Phänotyp aufgrund von Positionseffekten ändern? Markieren Sie die richtige Aussage!

Deletion ❑ Inversion ❑ Duplikation ❑ Aneuploidie ❑

17. Ein Karyogramm ist die grafische Darstellung eines Chromosomensatzes, mit welcher Anzahl und strukturelle Merkmale der Chromosomen wiedergegeben werden. Die Ermittlung der Cytogenetik bestimmter Mutationsformen wird durch die Analyse von Karyogrammen maßgeblich unterstützt.

a) Fassen Sie zusammen, welche Informationen über Mutationen man aus Karyogrammen gewinnen kann!

b) In fast allen Körperzellen befindet sich das gleiche Genom.

Erörtern Sie, ob tatsächlich alle zellkernhaltigen Körperzellen zur Präparation von Karyogrammen geeignet sind!

18. Häufig präpariert man Karyogramme aus Lymphocyten (Typ weißer Blutzellen), die wieder zur Zellteilung in Nährlösungen angeregt wurden. Zur Präparation wird das Spindelgift Colchicin genutzt, was AVERY und BLAKESLEE schon zur Polyploidieforschung nutzten.

a) Inwieweit hat das Gift auch Bedeutung zur Darstellung von Karyogrammen?

b) Vervollständigen Sie das Schema zum Präparationsalgorithmus!

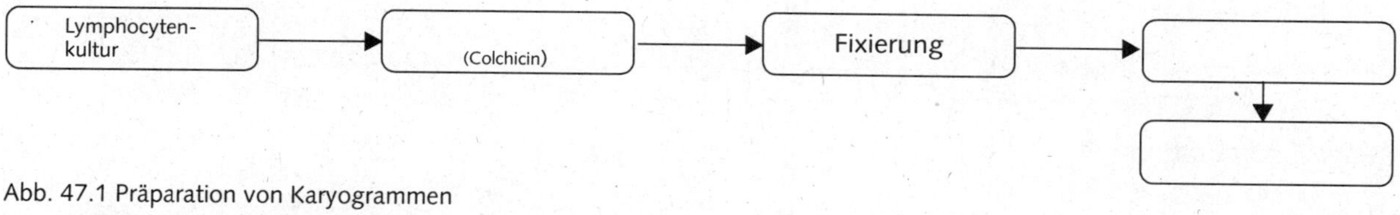

Abb. 47.1 Präparation von Karyogrammen

c) Leiten Sie aus der Abbildung 47.2 und der Tabelle Aussagen über Merkmale von Chromosomensätzen ab!

Chromosomenanzahl verschiedener Arten im haploiden Chromosomensatz	
Arten	Anzahl
Pferdespulwurm (Rundwurm)	2
Grüner Pippau (Korbblütengewächs)	3
Drosophila m. (Fruchtfliege, Hautflügler)	4
Rotbuche	12
Hamster (Nagetier)	22
Orang-Utan	22
Mensch	23
Schimpanse	24
Gorilla	24
Gibbon	26
Karpfen	52
Mauerraute (Farn)	72
Einsiedlerkrebs	127
Natterzunge (Farn)	240

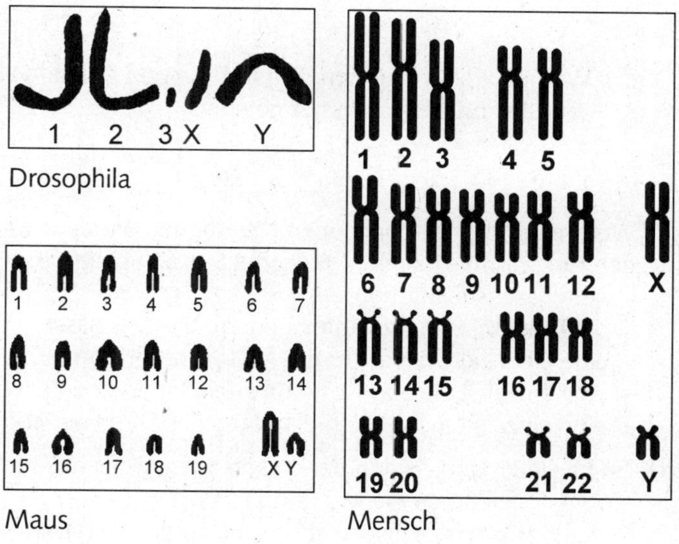

Tab. 47.2 Haploide Karyogramme mit beiden Gonosomen verschiedener Arten (nicht maßstabsgerecht)

19. Genmutationen führen zur Allelbildung. Entsprechend der Bewertung der einzelnen Allelprodukte durch die Umwelt werden in diesem Fall positive, neutrale und negative Mutationen unterschieden.

a) Erläutern Sie die Entstehung von Genmutationen und demonstrieren Sie Ihre Antwort an dem unten dargestellten Satz aus dreibuchstabigen Wörtern!

U T A I S T A U F D E M H O F U N D H A T D E N H U T A U F .

Insertion:

Duplikation:

Deletion:

Basensubstitution:

b) Erklären Sie unter Berücksichtigung der „Ein-Gen-ein-Enzym (Polypeptid)-Hypothese" die Auswirkungen von Genmutationen bei Enzymproteinen! Welche Strukturveränderungen (Art und Ort im Protein) könnten für positive, neutrale und negative Mutationen am wahrscheinlichsten sein?

positive Genmutation:

neutrale Genmutation:

negative Genmutation:

c) Warum wirken Insertion, Duplikation und Deletion als sogenannte Leserastermutationen im Vergleich zur Basensubstitution fast immer negativ?

Welche der hier beschriebenen Mutationen würde die geringsten Auswirkungen auf den Phänotyp des betroffenen Organismus haben? Markieren Sie die richtige Antwort und begründen Sie Ihre Entscheidung!

- eine Basensubstitution ❑
- die Deletion von drei aufeinanderfolgenden Basen in der Mitte des Gens ❑
- eine einzelne Deletion in der Mitte eines Introns ❑
- eine einzelne Deletion am Ende der codierenden DNA-Sequenz ❑
- eine einzelne Insertion in der Nähe des Starts der codierenden DNA-Sequenz ❑

20. Eine Deletion am Beginn der codierenden Sequenz des Genes resultiert in einem Polypeptid, was

- funktionell durch die Mutation gestört ist, ❑
- durch frühzeitige Termination eine kürzere Primäsrtruktur aufweist, ❑
- durch Leserasterverschiebung eine größtenteils falsche Primärstruktur hat. ❑
- Alle drei oberen Aussagen treffen zu. ❑

Markieren Sie die richtige Aussage!

21. Ergänzen Sie in der Tabelle die fehlenden m-RNA- und Aminosäuresequenzen entsprechend des genetischen Codes! Diskutieren Sie die Ergebnisse!

Auswirkung verschiedener Genmutationen auf die Aminosäure-Sequenz von Polypeptiden							
	Leseraster der DNA- und m-RNA-Sequenz und der dazugehörigen Aminosäure-Sequenz						
DNA	TAC	TTC	AAA	CCG	CGT	AAC	ATT
m-RNA (Wildtyp)	AUG	AAG	UUU	GGC	GCA	UUG	UAA
„Protein"	Met	Lys	Phe	Gly	Ala	Leu	Stop
Substitutionen:							
DNA	TAC	TTC	AAA	CCA	CGT	AAC	ATT
m-RNA							
„Protein"							
DNA	TAC	TTC	AAA	TCG	CGT	AAC	ATT
m-RNS							
„Protein"							
DNA	TAC	ACT	AAA	CCG	CGT	AAC	ATT
m-RNA							
„Protein"							
Deletion:							
DNA	TAC	TTC	AAC	CGC	GTA	ACA	TT*
m-RNA							
„Protein"							
Insertion:							
DNA	TAC	ATT	CAA	ACC	GCG	TAA	CAT
m-RNA							
„Protein"							

22. In der Abbildung 49.1 ist der Stoffwechsel der Aminosäuren Phenylalanin und Tyrosin dargestellt. Aufgrund von Genmutationen werden hier bestimmte Enzyme nicht mehr oder mit verminderter Aktivität gebildet. Dadurch können die Konzentrationen bestimmter Stoffe zu hoch werden, so dass sie z. B. über den Harn ausgeschieden werden müssen. Gleichzeitig kann aber auch Mangel eines bestimmten Stoffes entstehen. Ein Überschuss an Phenylbrenztraubensäure stört beispielsweise die Entwicklung des Gehirns, der an Homogentisinsäure kann im Alter zu Gelenkerkrankungen führen. Das Melanin ist Grundlage vieler Pigmentierungen, z. B. Haut, Haare, Iris. Die Stoffe Dopamin, Noradrenalin und Adrenalin wirken als Transmitter, das Adrenalin zusätzlich noch als Hormon.

a) Erläutern Sie die Stoffwechselveränderungen, die sich ergeben, wenn die Phenylalanin-Hydroxylase, die Tyrosin-Hydroxylase oder die Homogentisinsäure-Oxydase durch Mutation unabhängig voneinander ausfallen!

b) Ziehen Sie aus dem veränderten Stoffwechselgeschehen Schlussfolgerungen für die Symptome dieser Erbkrankheiten!

c) Der Albinismus kommt im gesamten Tierreich, nicht nur beim Menschen vor.
Erörtern Sie, worin sich die Menschen von anderen Organismen in Sicht auf Mutationen und damit verbundene Erbkrankheiten unterscheiden!

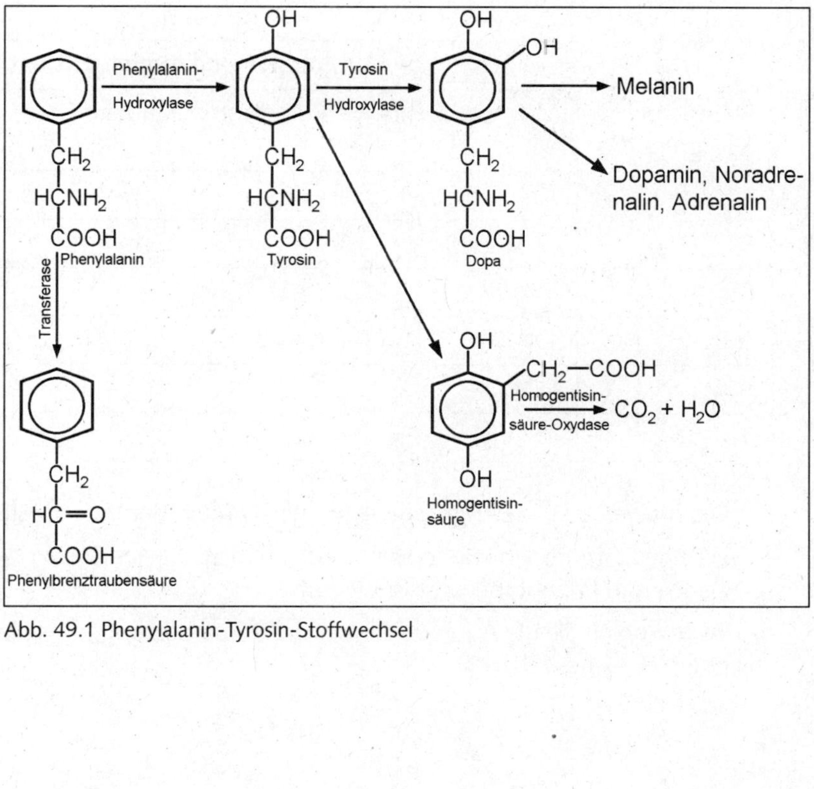

Abb. 49.1 Phenylalanin-Tyrosin-Stoffwechsel

5 Humangenetik

1. Die meisten Gene des Menschen kommen in mehreren Allelen vor. Ihre Anzahl entspricht den im Laufe der Evolution angesammelten stabilen Mutationen. Beim Betrachten der multiplen Allelie muss man sich auf Populationen beziehen, da ja eine Person nur zwei Allele eines Genes besitzen kann.
   a) Erörtern Sie die Aussage!
   b) Welchen evolutiven Vorteil bringt die multiple Allelie für die Populationen mit sich?

   ____

   ____

   ____

   ____

   ____

   c) Erklären Sie den Begriff „Wildtyp-Allel"!

   ____

   ____

   ____

   ____

2. Besonders gut bekannt sind die multiplen Allele der Blutgruppensysteme des Menschen. Bereits 1901 entdeckte der österreichische Serologe LANDSTEINER das AB0-System der menschlichen Blutgruppen. Es beruht auf unterschiedlichen, antigenen Glycoproteiden der Erythrocytenmembran, die durch verschiedene, allel-codierte Enzyme aufgebaut werden. Am häufigsten sind die Allele A_1, A_2, B und 0.
   a) Ergänzen Sie im unten stehenden Satz folgende Begriffe: dominant, codominat und rezessiv!
   Die Allele A_1, A_2 verhalten sich ______________ zu B. Das Allel A_1 ist ______________ über das Allel A_2. Das Allel 0 wird immer ______________ gegenüber den anderen Allelen vererbt.
   b) Entsprechend der Vererbung der einzelnen Allele entstehen durch bestimmte genotypische Kombinationen der Allele die Blutgruppen, der Phänotyp. Tragen Sie alle möglichen Genotypen in die Tabelle ein!

Blutgruppen und ihre möglichen Genotypen	
Phänotypen (Blutgruppen)	Mögliche Genotypen (Allelkombinationen)
A_1	
A_2	
B	
A_1B	
A_2B	
0	

   c) Die Mutter hat die Blutgruppe A_1 (reinerbig) und der Vater besitzt mischerbig die Blutgruppe B.
   Welche Blutgruppen können ihre Kinder haben? Stellen Sie ein Kreuzungsschema auf, welches Auskunft über Geno- und Phänotypen der Kinder gibt!
   d) Wiederholen Sie die Aufgabe c unter der Voraussetzung, dass die Mutter jetzt die Blutgruppe A_1 mit dem Genotyp A_1A_2 besitzt!

e) Ein Ehepaar, die Frau mit der Blutgruppe A_2B und ihr Mann mit 0, haben einen Sohn zusammen. Der Sohn selber bekommt von seiner Partnerin, die auch die Blutgruppe 0 hat, eine Tochter. Diese hat nicht die Blutgruppe B.

Vervollständigen Sie den Stammbaum der Familie (Abb. 51.1)! Tragen Sie in die Symbole die möglichen Genotypen ein! Machen Sie die Blutgruppe kenntlich!

Welche Blutgruppe hat der Sohn? Begründen Sie!

____

____

____

____

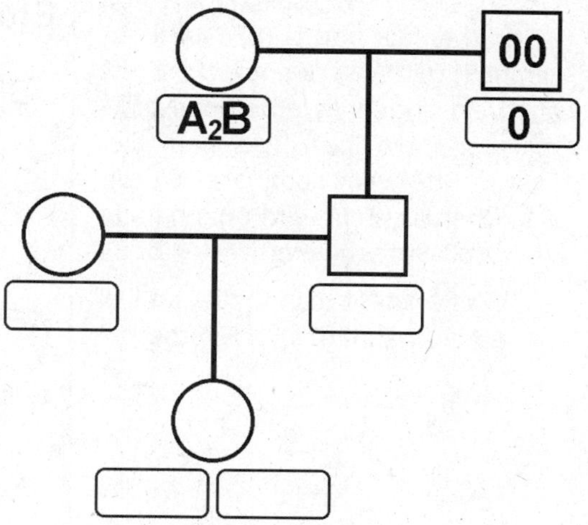

Abb. 51.1 Familienstammbaum

f) In der Rechtsmedizin dient das Wissen zur Vererbung der einzelnen Blutgruppenallele, nicht nur die des AB0-Systems, zum Nachweis strittiger Vaterschaften. Fehlt einem Kind ein Allel, welches es vom beschuldigten Vater geerbt haben muss, oder besitzt das Kind Allele, die weder seine leibliche Mutter noch sein vermeintlicher Vater haben, so ist die Vaterschaft des Beschuldigten auszuschließen.

Erklären Sie die Ausschlussbedingungen zur Vaterschaft! Warum kann nicht auf Vaterschaft geschlossen werden?

g) Füllen Sie die Tabelle aus!

Vaterschaftsbestimmung						
Mutter Blutgruppen	Genotypen	Kind Blutgruppen	Genotypen	Mögliche Väter Genotypen	Blutgruppen	Unmögliche Väter Blutgruppen
A_2	A_20	B	B0	A_1B, A_2B, BB, B0	A_1B, A_2B, B	A_1, A_2, 0
B		A_1				
A_1B		A_1B				
A_1		A_1B				
0		0				
0		A_2				
A_2B		A_1				
A_1		A_2				
B		A_2B				

3. Der sogenannte Rhesusfaktor wurde 1940 ebenfalls von LANDSTEINER zusammen mit WIENER entdeckt. Er ist auch ein antigenes erbliches Merkmal der roten Blutkörperchen. Der Faktor (Rh+) wird dominant vererbt. Das Rhesussystem wird unabhängig vom AB0-System vererbt.

   a) Was versteht man in diesem Fall unter unabhängiger Vererbung?

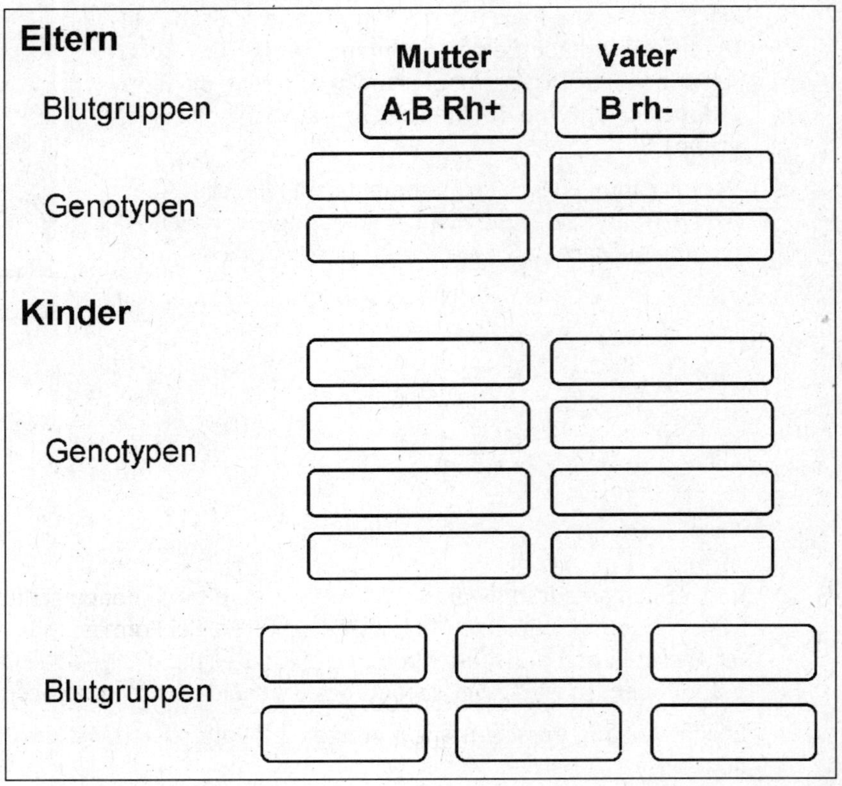

Abb. 52.1 Vererbung von Blutgruppen

   b) Ermitteln Sie die möglichen Blutgruppen der Kinder, wenn die Mutter A_1B Rh+ ist und der Vater die Blutgruppe B rh– hat! Vervollständigen Sie die Abbildung 52.1!

4. Rh-negative Menschen bilden nach Kontakt mit Rh+-Blut Antikörper gegen den positiven Rhesusfaktor (Sensibilisierung), so dass ein zweiter Kontakt mit solchem Blut zu schweren Komplikationen führt. Schwangere Frauen mit rh– -Blut können sich über die Plazenta durch Rh+-Blut ihres Kindes sensibilisieren. Das erste Kind wird in der Regel gesund geboren, bei weiteren Schwangerschaften jedoch kommt es zur Zerstörung der fetalen roten Blutkörperchen durch die Antikörper der Mutter gegen Rh+-Blut.

   a) Beschreiben Sie die immunologischen Reaktionen, die während der ersten und zweiten Schwangerschaft ablaufen!

   b) Leiten Sie aus der Beschreibung Therapiemöglichkeiten ab!

5. Die Pigmentierung der menschlichen Haut wird durch drei nichtgekoppelte Gene verursacht, die jeweils in den Allelen „Dunkel" (A, B, C) und „Hell" (a, b, c) vorliegen. Die Allele stehen zueinander intermediär, ihre Wirkung addiert sich.

   a) Eine sehr hellhäutige Europäerin (aa, bb, cc) bekommt von ihrem Partner, einem sehr dunkelhäutigen Afrikaner (AA, BB, CC), Kinder. Stellen Sie über ein Kreuzungsschema Genotyp und Phänotyp der Kinder (F_1) fest!

      P: AA BB CC X: aa bb cc

   b) Welche Geno- und Phänotypen könnten in der F_2-Generation auftreten, wenn diese Kinder (F_1) mit Partnern des gleichen Genotyps Kinder bekommen würden? Vervollständigen Sie das Kreuzungsschema mit der F_2-Generation!

   c) Werten Sie das Kreuzungsschema der F_2-Generation aus! Fertigen Sie dazu ein Diagramm an, in welchem die Anzahl der Individuen gegen die jeweilige Pigmentierungsstufe abgetragen wird!

6. Von allen lebend geborenen Kindern weisen ca. 0,5 % Chromosomenaberrationen auf. Viel häufiger führen solche Chromosomenstörungen jedoch zu Fehlgeburten.

   a) Erklären Sie den Begriff „Chromosomenaberration"

   b) Warum führen diese nicht seltenen Chromosomenstörungen meist zu Fehlgeburten?

7. Etwa 4 % aller Fehlgeburten weisen den in Abbildung 54.1 dargestellten Karyotyp auf, was mit erheblichen Missbildungen der Feten verbunden ist. Benennen Sie diese Form der Chromosomenaberration!

8. Die mittlere Lebensdauer der Kinder, die einen Karyotyp wie in Abbildung 54.2 aufweisen, beträgt nur einige Monate, die Häufigkeit liegt bei 1 : 5000.

   Benennen Sie diese Krankheit aus genetischer und medizinischer Sicht! Fassen Sie die wichtigsten Symptome zusammen!

9. Der Karyotyp von Abbildung 54.3 tritt bei Neugeborenen mit einer Häufigkeit von 1 : 3000 auf, was vermutlich nur 5 % der Zygotenhäufigkeit entspricht.

   a) Benennen Sie diese Krankheit aus genetischer und medizinischer Sicht! Fassen Sie die wichtigsten Symptome zusammen.

   b) Was versteht man unter 5 % Zygotenhäufigkeit?

10. Das Karyogramm der Abbildung 54.4 stellt die genetische Ursache einer der häufigsten Erbkrankheiten des Menschen dar. Vermutlich werden 6/7 aller Erkrankungen durch die Mutter verursacht. Die Betroffenen sind meist nicht fortpflanzungsfähig, so dass der genetische Defekt schnell wieder eliminiert wird.

    a) Benennen Sie die Erbkrankheit! Diskutieren Sie die Folgen der genetischen Veränderung!

    b) Welche Ursachen kann eine solche Veränderung haben?

c) Die Tabelle 54.1 stellt den Zusammenhang zwischen Anzahl der erkrankten Kinder und dem Alter ihrer Mütter dar.
Leiten Sie daraus Schlussfolgerungen zur Vorsorge ab!

Häufigkeit erkrankter Kinder und das Alter ihrer Mütter			
Alter der Mutter	Erkrankte Kinder im Vergleich zu allen Neugeborenen	Alter der Mutter	Erkrankte Kinder im Vergleich zu allen Neugeborenen
10–19	1 : 2500	35–39	1 : 303
20–24	1 : 1667	40–44	1 : 100
25–29	1 : 1250	45 und mehr	1 : 46
30–34	1 : 909		

d) Warum sind Männer ungleich weniger die Verursacher der Krankheit? Werten Sie die Abbildungen 54.1 bis 54.4 aus!

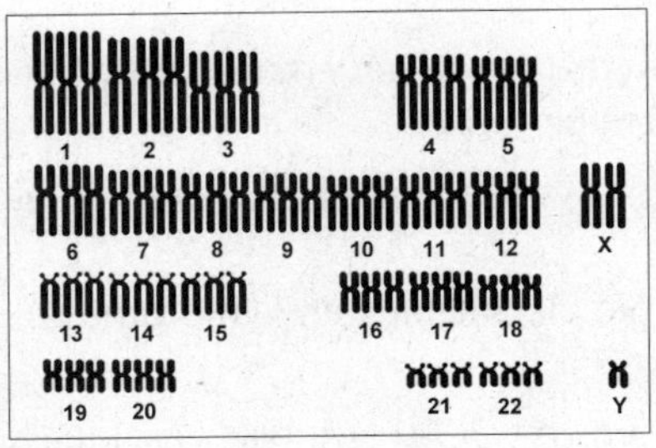

Abb. 54.1

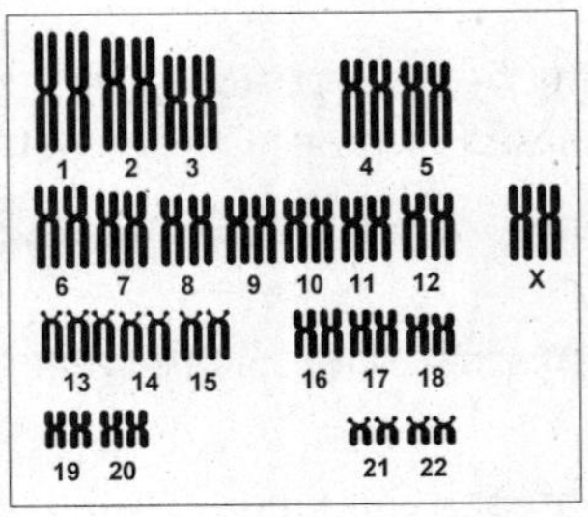

Abb. 54.2

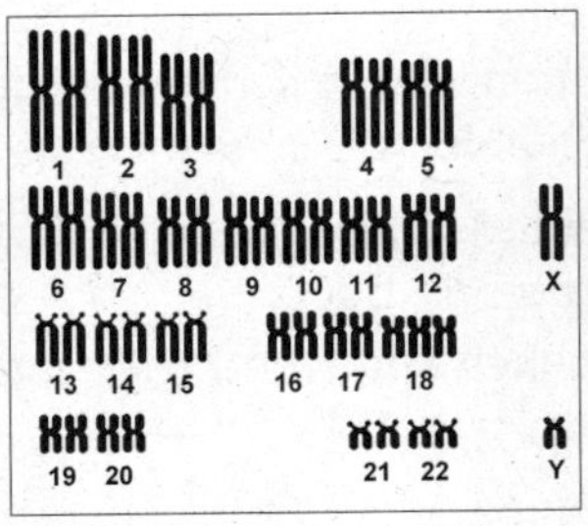

Abb. 54.3

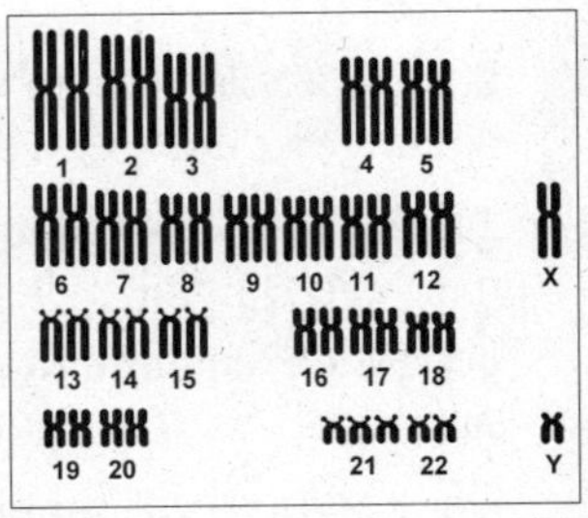

Abb. 54.4

11. Im Gegensatz zur freien Trisomie 21 gibt es jedoch Familien, bei denen das DOWN-Syndrom in verschiedenen Generationen immer wieder auftritt, wie der Stammbaum (Abb. 54.7) zeigt. Zur Klärung der Ursachen wurden Karyogramme von Familienmitgliedern (Abb. 54.5 und 54.6) angefertigt.

a) Analysieren Sie den Stammbaum unter Einbeziehung der beiden dargestellten Karyogramme! Erklären Sie die genetische Ursache und Vererbung der Krankheit und benennen Sie sie aus genetischer Sicht!

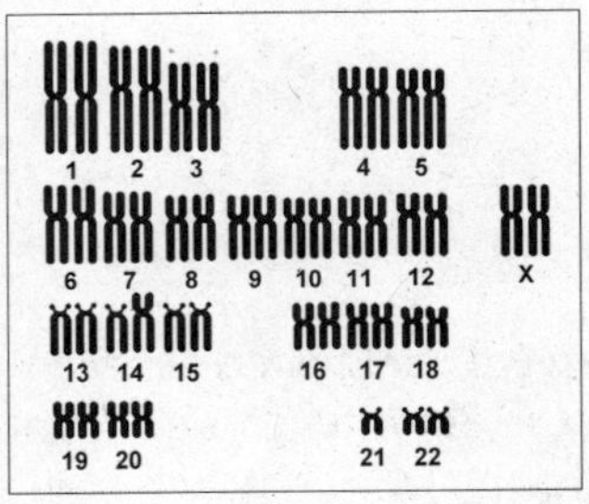

Abb. 54.5 Karyogramm 1

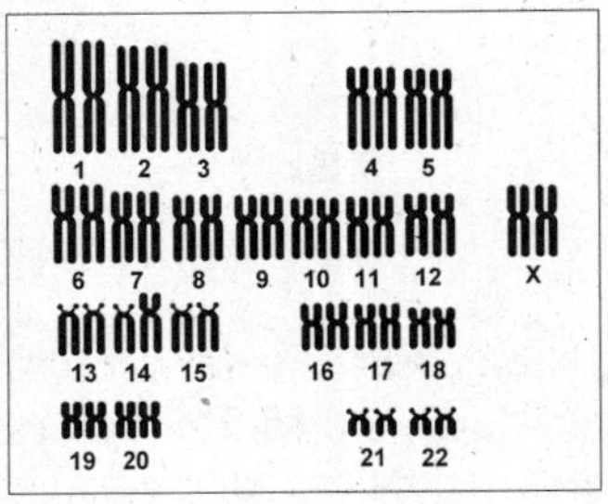

Abb. 54.6 Karyogramm 2

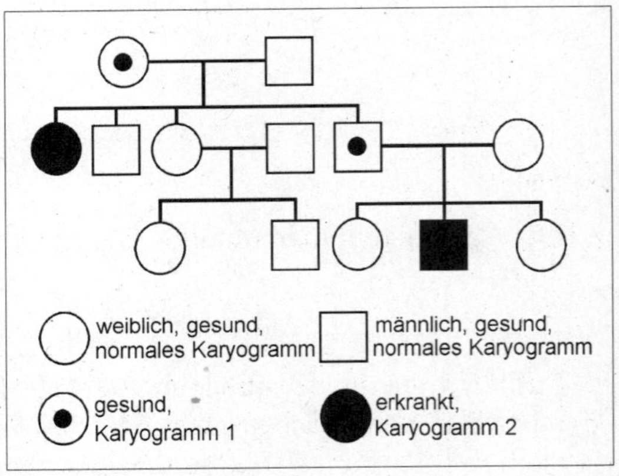

Abb. 54.7 Familie mit auftretenden DOWN-Syndrom

b) Stellen Sie die möglichen Chromosomenkombinationen der die Krankheit betreffenden Chromosomen zwischen dem Karyogramm 1 und einem normalen Karygramm dar! Nutzen Sie das Schema (Abb. 54.8)!

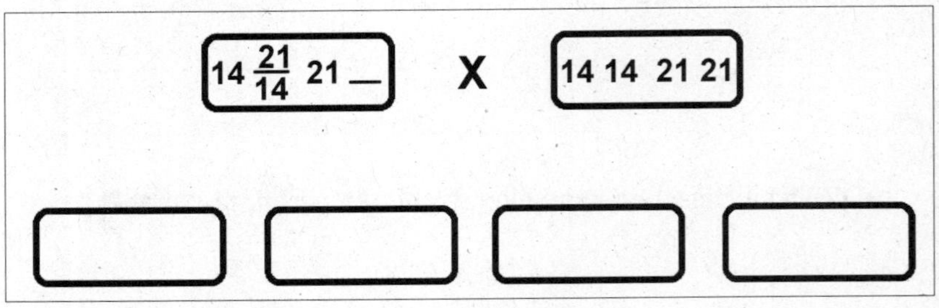

Abb. 54.8 Mögliche Chromosomen-Kombinationen zwischen Karyotyp 1 und normalem Karyotyp

c) Das Fehlen eines Chromosoms (Monosomie) ist letal (tödlich). Beschreiben Sie die durch die Kombination entstandenen Phänotypen hinsichtlich der Erkrankung! Ermitteln Sie die theoretische Häufigkeit mit der die Krankheit bei dieser Konstellation auftritt!

d) In Wirklichkeit tritt diese Krankheit nur zu 10 % auf, wenn die Mutter die Überträgerin ist, und lediglich zu 5 %, wenn der Vater sie überträgt. Erklären Sie diesen Widerspruch zwischen Theorie und Praxis!

e) Begründen Sie, warum nicht ausgeschlossen werden kann, dass auch sehr junge Mütter erkrankte Kinder zur Welt bringen können!

f) Vergleichen Sie die beiden Formen des DOWN-Syndroms!

12. Im Jahre 1963 wurde erstmals von LEJEUNE das Katzenschrei-Syndrom, das mit einer Häufigkeit von 1 : 50000 vorkommt, beschrieben (Abb. 55.1).
Ermitteln Sie seine genetische Ursache und stellen Sie die Symptome des Syndroms mit Hilfe eines Lehrbuches zusammen!

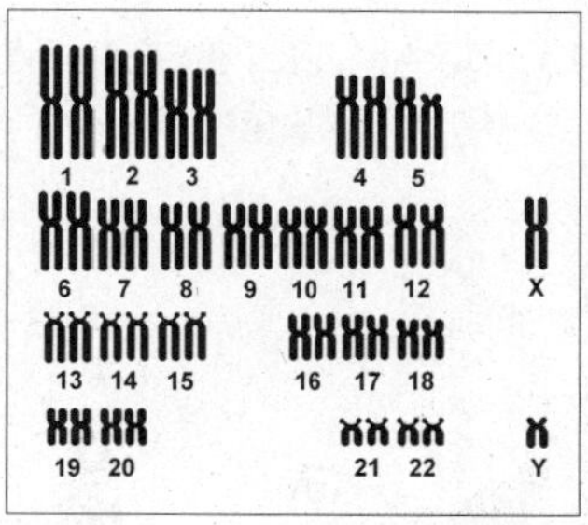

Abb.55.1 Karyogramm des Katzenschrei-Syndroms

13. Die erste Stufe der Geschlechtsdifferenzierung beginnt mit der Kombination der Gonosomen (Geschlechtschromosomen) in der Zygote.

a) Vervollständigen Sie das Kreuzungsschema (Abb. 55.2)! Begründen Sie mit seiner Hilfe die theoretische gonosomale Geschlechterverteilung von 1 : 1!

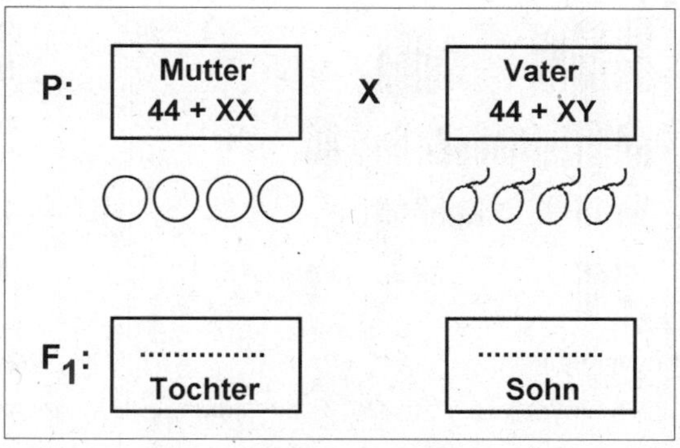

Abb. 55.2 Kreuzungsschema zur Geschlechtsbestimmung

b) Pro 100 weibliche Neugeborene werden aber etwa 107 Jungen geboren.
Stellen Sie Vermutungen auf, mit denen man diese tatsächlichen Verhältnisse erklären kann!

14. Man stellte fest, dass weibliche Organismen doppelt so viele X-chromosomale Gene besitzen wie männliche. Daraus ergab sich die Frage, wie dieses Ungleichgewicht ausgeglichen wird. Es mußte ein Dosiskompensationsmechanismus existieren (LYON-Hypothese).
Im Jahre 1949 entdeckten BARR und BERTRAM in Körperzellkernen (Abb. 55.3) ausschließlich weiblicher Organismen ein randständiges, dunkel anfärbbares Körperchen (BARR-Body) und fanden heraus, dass es das zweite X-Chromosom der weiblichen Zellen ist. In Haarwurzelzellen lassen sich die BARR-Bodies durch spezielle Färbemethoden leicht nachweisen.

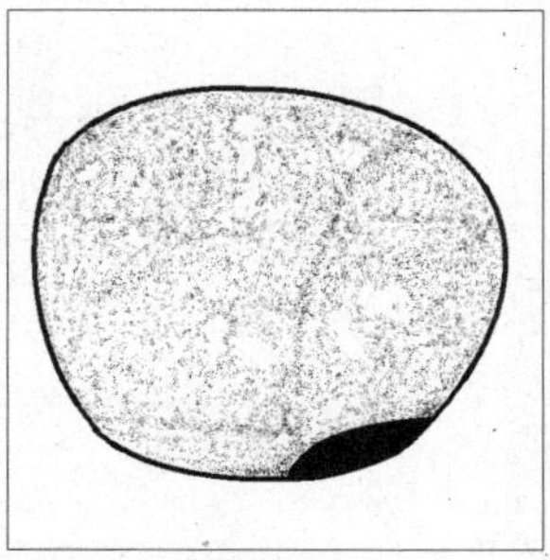
Abb. 55.3 Körperzellkern

a) Leiten Sie aus den oben genannten Aussagen eine Hypothese ab, die die Existenz der BARR-Bodies erklärt!

b) Wie groß ist die Anzahl dieser Körperchen in Zellkernen von Männern? Begründen Sie!

c) Welche Aussagen lassen sich treffen, wenn in Zellkernen von Frauen und Männern vom Normalen abweichende Zahlen der BARR-Bodies gefunden werden?

15. Die Abbildung 56.1 stellt Zellkerne aus Haarwurzelzellen, gefärbt zur Darstellung der BARRschen Körperchen, und die Karyogramme von erbkranken Menschen dar.

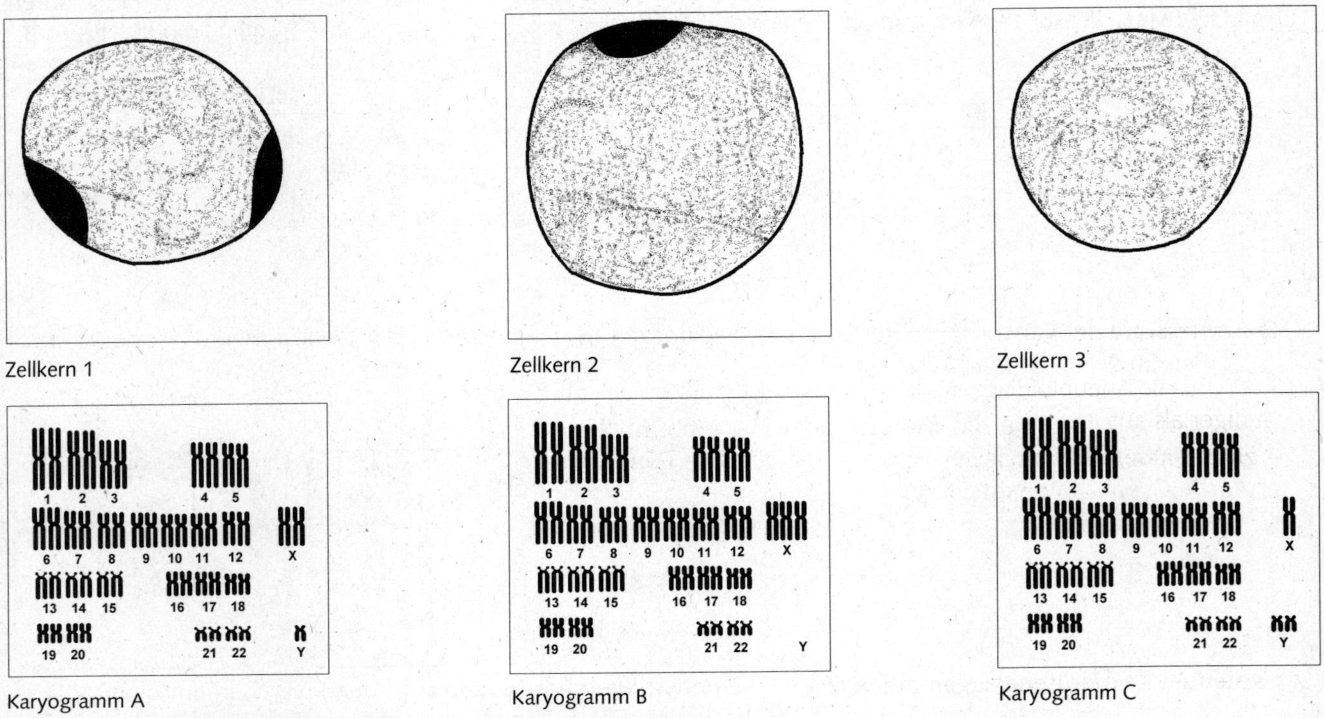

Abb. 56.1 Zellkerne mit BARR-Body-Färbung und Karyogramme gonosomaler Aneuploidien

a) Ordnen Sie die Karyogramme den abgebildeten Zellkernen zu (Abb. 56.1) und füllen Sie die Tabelle aus!

Gonosomale Aneuploidien				
Zellkerne	**Karyogramme**	**Geschlecht**	**Veränderungen im Karyogramm**	**Krankheitsbild**
1				
2				
3				

b) Die Chromosomenaberration der Patienten mit Zellkern 1 ist die häufigste bei diesem Geschlecht (1 : 1000). Die Symptome der Krankheit sind eher unauffällig: Keine charakteristischen äußeren Merkmale, nicht gestörte Fertilität und nur ein Teil zeigt verringerte Intelligenz.
Diskutieren Sie die vermutlichen Ursachen des verringerten Schweregrads dieses Syndroms!

c) Stellen Sie die Symptome des Krankheitsbildes mit dem Zellkern 2 zusammen! Begründen Sie auch hier mögliche Zusammenhänge zwischen genetischer Konstellation und Symptomen!

16. ULLRICH (1929) und TURNER (1938) beschrieben ein Krankheitsbild mit typischen, immer wieder auftretenden Merkmalen. Erst im Jahre 1959 konnten FORD und Mitarbeiter die genetischen Ursachen des sogenannten TURNER-Syndroms erklären.
    a) Nennen Sie die wichtigsten Krankheitssymptome!

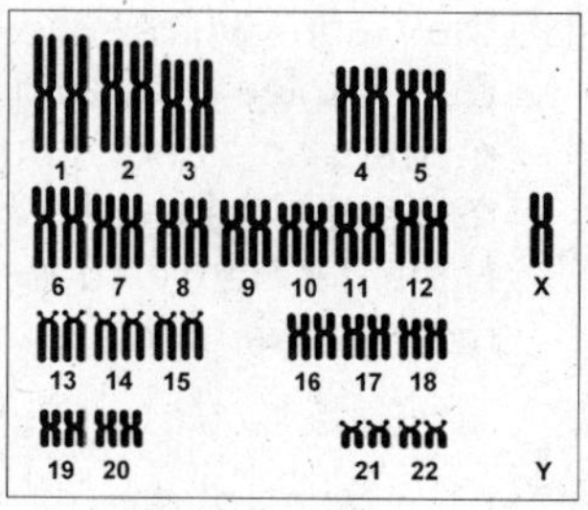

Abb. 57.1 Karyogramm des TURNER-Syndroms

    b) Analysieren Sie das Karyogramm (Abb. 57.1) und erläutern Sie die genetischen Ursachen des TURNER-Syndroms!
    c) Begründen Sie die Entstehung des Geschlechtes der Erkrankten! Wie viele BARR-Bodies lassen sich in ihren Zellkernen nachweisen?

17. Gonosomale Aneuploidien beeinflussen die genetische Balance, womit eventuelle Missbildungen verbunden sind, weniger als autosomale, weil
    – zusätzliche X-Chromosomen als BARR-Bodies deaktiviert werden, ❑
    – X-Chromosomen nur das Geschlecht bestimmen, aber keine weiteren Informationen tragen, ❑
    – X-Chromosomen anders zur Merkmalsausbildung beitragen, ❑
    – die Aussagen 1 bis 3 zutreffen. ❑

    Markieren sie die richtige Aussage!

18. HARTMANN begründete bereits 1925, dass sich das Geschlecht erst im Laufe der frühen Embryonalentwicklung aus bipotenten Keimdrüsenanlagen differenziert. Die Entwicklung von Hoden wird durch ein Gen auf dem Y-Chromosom, dem Testis determining factor (TDF), bestimmt. Die spätere Differenzierung der Geschlechtsmerkmale wird jedoch nicht ausschließlich durch die Gonosomen bestimmt. Die Entwicklung des männlichen Geschlechts erfolgt maßgeblich unter dem Einfluss des vom Hoden produzierten Testosterons. Dieses männliche Sexualhormon bewirkt u. a. die Ausbildung der Samenleiter, der Nebenhoden, der Bläschendrüse und des äußeren Genitals. Dazu sind Körperzellen beider Geschlechter mit Testosteronrezeptoren ausgestattet.
    a) Erklären Sie, welche Auswirkungen eine Mutation am Gen der Testosteronrezeptoren hat, wenn sie dadurch ihre Funktion verlieren! Die betroffene Person ist gonosomal männlichen Gechlechts.
    b) Ermitteln Sie anhand des Stammbaumes (Abb. 57.2), wer erkrankt ist und ob diese Erbkrankheit
    – autosomal-rezessiv, ❑
    – X-chromosomal-dominat, ❑
    – X-chromosomal-rezessiv, ❑
    – Y-chromosomal ❑

    vererbt wird! Begründen Sie Ihre Entscheidung! Es sind keine Chromosomenaberrationen nachgewiesen worden.

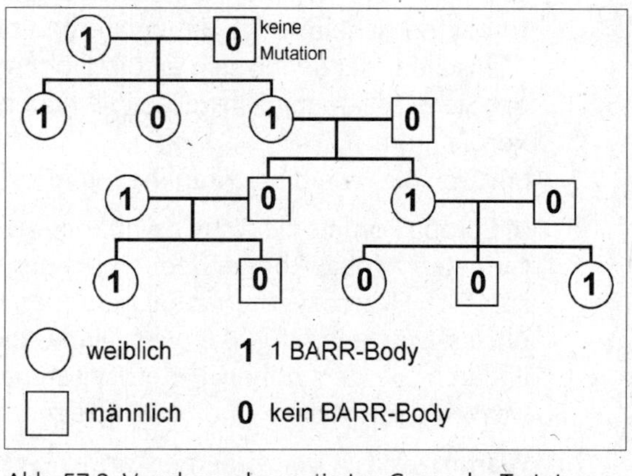

Abb. 57.2 Vererbung des mutierten Genes der Testoteronrezeptoren

    c) Infolge einer Translokation während der männlichen Meiose wird ein Stück des Y-Chromosoms mit dem Gen des TDF auf das X-Chromosom übertragen. Patienten mit diesem XY-Chromosom sind normal entwickelt. Lediglich ihre Körpergröße entspricht ihrem eigentlichen gonosomalen Geschlecht.
    Welchem genitalen Geschlecht gehören die Betroffenen an? Begründen Sie!

19. Die Gene, welche die Globinmoleküle des Hämoglobins codieren, existieren in einer großen Zahl von Allelen. Demzufolge existieren auch sehr viele verschiedene Hämoglobinvarianten, etwa 350 sind bis jetzt bekannt. Die meisten entstanden durch Basensubstitutionen und bleiben ohne Folgen, wenn der Außenteil des Moleküls betroffen ist. Schwerwiegende Folgen ergeben sich oft bei Mutationsstellen im Inneren des Hämoglobins oder in der Nähe der Häm-Gruppen. Bei einem Teil der Varianten ist die Sauerstoffaffinität verändert. Bisher sind 30 Formen mit erhöhter und drei mit verringerter Affinität entdeckt worden.
    a) Erklären Sie, wodurch die unterschiedlich schweren Folgen solcher Mutationen bedingt werden!
    b) Wirkt sich die Affinitätsveränderung in jedem Falle negativ aus?
20. Die bekannteste Variante des Hämoglobins, die bei Sauerstoffmangel zu seiner Kristallisation und damit zur Sichelform der Erythrozyten führt, ist das Sichelzellhämoglobin (HbS). Die so verformten roten Blutzellen können sich dann nicht mehr flexibel durch die Kapillaren des Körpers bewegen.
    a) Leiten Sie aus den geänderten Eigenschaften des Hämoglobins Folgen für erkrankte Menschen ab!

    ____

    ____

    ____

    b) Die Sichelzellanämie wird durch eine Genmutation am Anfang des b-Globinmoleküls verursacht.

Nukleotid- und Aminosäuresequenz von β-Globin									
β-Globin	Triplett- bzw. Aminosäureposition								
	1	2	3	4	5	6	7	...	146
m-RNA (normal)	GUU	CAU	UUA	ACU	CCU	GAG	GAG		CAC
Aminosäuren									
m-RNA (HbS)	GUU	CAU	UUA	ACU	CCU	GUG	GAG		CAC
Aminosäuren									

    Worin unterscheiden sich die beiden Globinmoleküle? Um welche Mutationsform handelt es sich?

    ____

    ____

    c) In Hinsicht auf diese Krankheit existieren zwei verschiedene Gentypen. Neben den Gesunden gibt es Menschen, die schwer unter der Sichelzellanämie leiden. Bei Sauerstoffmangel werden bei ihnen nahezu alle Erythrozyten sichelförmig. Häufig sterben sie schon im Jugendalter. Letzlich findet man noch fast symptomfreie Menschen, bei denen sich erst in Höhen über 3000 m oder bei großen körperlichen Belastungen Anzeichen der Sichelzellanämie einstellen. Sie haben zwischen 25 % und 40 % Sichelzellhämoglobin in ihren roten Blutkörperchen.
    Erklären Sie, wie diese Krankheit vererbt wird!
    d) In Europa kommt die Sichelzellanämie ziemlich selten vor. In bestimmten Gebieten Afrikas können jedoch bei der einheimischen Bevölkerung bis zu 45 % Heterozygotenanteil gefunden werden. Dort ist auch die Anopheles-Mücke häufig, die die Malaria überträgt (vgl. Abb. 58.1).
    Erklären Sie den hohen Heterozygotenanteil! Informieren Sie sich zusätzlich über Malaria und seine Erreger!
    e) Warum sinkt in der afroamerikanischen Bevölkerung die Häufigkeit des HbS-Alleles?

    ____

    ____

    ____

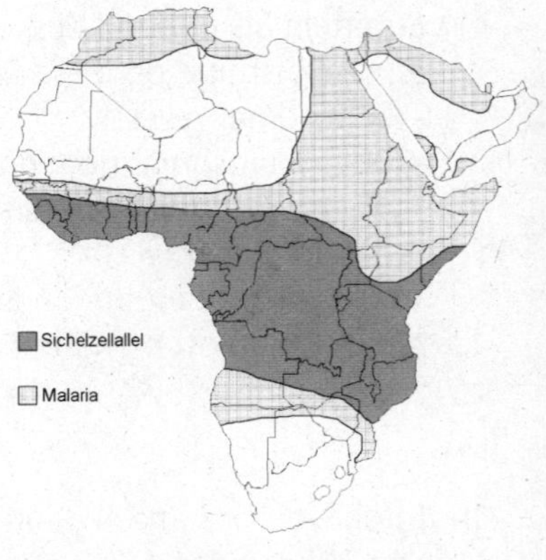

Abb. 58.1 Geografische Verbreitung des Sichelzell-Alleles und der Malaria in Afrika

21. Diskutieren Sie die in der folgenden Tabelle dargestellte Substitutionsmutation an der β-Kette im Vergleich zum normalen Typ (s. Tab. S. 58)!

Nukleotid- und Aminosäuresequenz von β-Globin									
β-Globin	Triplett- bzw. Aminosäureposition								
	1	2	3	4	5	6	7	...	146
m-RNA (mutiert)	GUU	CAU	UUA	ACU	CCU	GAA	GAG		CAC
Aminosäuren									

22. Der Stammbaum einer Familie ist in Abbildung 59.1 dargestellt. Bei ihr tritt plötzlich in der III. und IV. Generation die Phenylketonurie (PKU) sehr massiv auf. Ursachen und Symptome dieser Krankheit wurden bereits im Kapitel Mutationen erörtert (S. 49).

a) Wie wird diese Erbkrankheit vererbt? Stellen Sie zum gegebenen Stammbaum einen genotypischen auf!

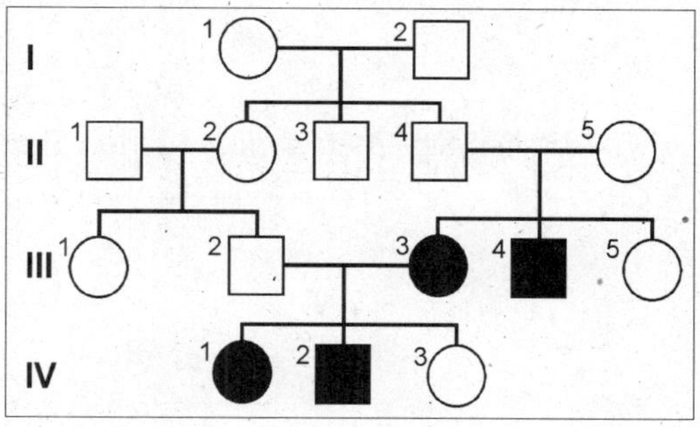

Abb. 59.1 Vererbung der Phenylketonurie

b) Menschen mit ererbter PKU müssen nicht an ihr erkranken. Es gibt schon eine Therapiemöglichkeit, die bis zur Pubertät durchgeführt werden muss. Danach wirkt der erhöhte Phenylbrenztraubensäurespiegel nicht mehr schädigend.

Leiten Sie aus dem Mechanismus der Krankheit die Therapie zur Kompensation der fehlenden Phenylalanin-Hydroxylase ab! Wählen Sie die richtige der drei Möglichkeiten aus und begründen Sie ihre Entscheidung!

– 1 Einnahme von Enzymtabletten ❑ – 2 Spritzen des Enzyms (ähnlich dem Insulin) ❑
– 3 Phenylalaninfreie bzw. -arme Diät ❑

c) Warum ist keine vollständige Heilung möglich?

d) Phenylbrenztraubensäure und Phenylalanin sind plazentadurchgängig. Welche Probleme ergaben sich somit für die Frau III/3 als sie schwanger war?

e) Begründen Sie, warum Ehen nahe verwandter Menschen, hier zwischen Cousin und Cousine (III/2 und III/3), ein höheres genetisches Risiko in sich bergen!

23. Eskimos weisen eine andere Ernährungsform auf als Europäer. Ihre Nahrung ist fast ausschließlich tierisch. Untersuchungen ergaben, dass in Alaska und Grönland etwa 9 % der einheimischen Bevölkerung eine Unverträglichkeit für Rohrzucker aufweisen. Sie besitzen zu wenig Saccharase (Enzym, das Rohrzucker spaltet).

a) Erläutern Sie, wie diese Stoffwechselstörung vererbt wird! Benutzen Sie dazu den dargestellten Stammbaum (Abb. 59.2)!

b) Wie kann es zu dem Auftreten der Stoffwechselstörung in F_3 und F_4 kommen?

c) Welche Erklärung könnte es für das relativ häufige Auftreten dieser Krankheit bei Eskimos geben?

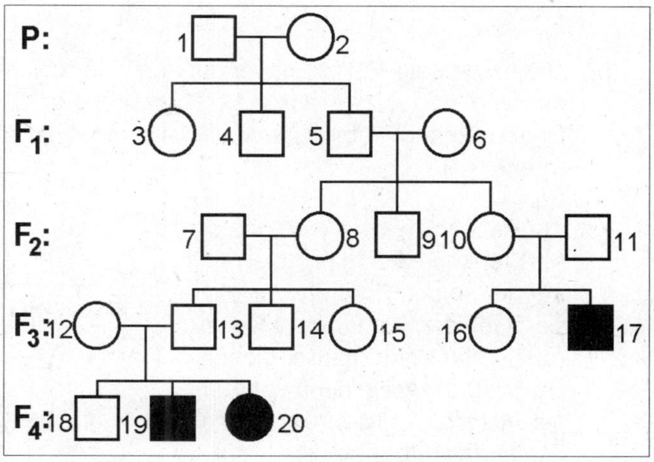

Abb. 59.2 Vererbung des Saccharase-Mangels bei Eskimos

24. In ihrer Symptomatik und Schwere ist die Mucoviszidose sehr vielfältig. Häufig sterben die Erkrankten schon im Kindesalter. Das Gen, welches für diese Erbkrankheit verantwortlich ist, konnte vor einigen Jahren auf dem Chromosom 7 lokalisiert werden. Die direkte Ursache, der molekularbiologische Mechanismus der Krankheit, ist jedoch immer noch unbekannt. Bekannt ist, dass durch das Versagen eines intrazellulären Enzymsystems nicht genügend Wasser in Drüsenzellen gelangt. Dadurch werden die hergestellten Sekrete/Schleime extrem zähflüssig. Betroffen sind vor allem die Drüsenzellen der Bronchial- und Darmschleimhaut, Schweißdrüsen und die Bauchspeicheldrüse.

a) Leiten Sie aus dem Text die wichtigsten Krankheitssymptome ab!

b) Erstellen Sie einen genotypischen Stammbaum für diese Krankheit (Symbole in Stammbaum eintragen)!

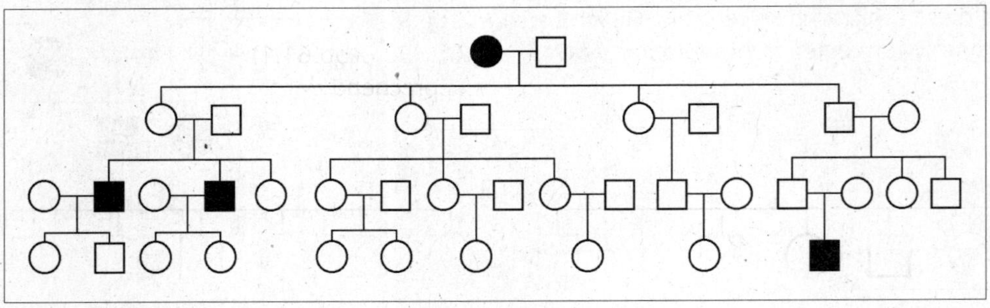

Abb. 60.1 Stammbaum zur Vererbung der Mucoviszidose

25. Nach einer Verletzung wird die entstandene Wunde durch ein Fibrinnetz mit darin eingeschlossenen Blutzellen verschlossen. Wenn bei diesem Mechanismus einzelne Faktoren eine verminderte Aktivität haben oder gar fehlen, wird die gesamte Blutgerinnung gestört. Es entsteht die Bluterkrankheit (Hämophilie). Bei ca. 80 % hämophiler Menschen mangelt es am Faktor VIII und bei 15 % an Faktor IX.

a) Erklären Sie die Fibrinbildung anhand der Abbildung 60.2! Diskutieren Sie den Ausfall eines Blutgerinnungsfaktors!

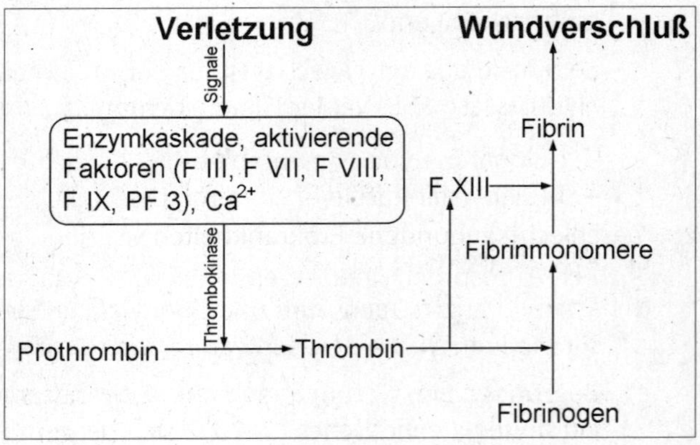

Abb. 60.2 Mechanismus der Blutgerinnung

b) Die Ausfälle der Faktoren werden durch verschiedenste Defekte auf DNA-Ebene an den entsprechenden Genen verursacht, z. B. durch Deletion größerer Genabschnitte, Insertion von großen DNA-Segmenten oder Einzelnukleotid-Substitutionen. Erläutern Sie die Folgen solcher Defekte für die Struktur und Aktivität der Faktoren!

Zur Aufklärung der Vererbung dieser Krankheit, beide Faktoren sind auf demselben Chromosom lokalisiert, soll der Stammbaum der europäischen Königshäuser dienen (Abb. 60.3). Ausgehend von Königin Victoria (1837–1901) von England vererbte sich die Krankheit auf viele ihrer Nachfahren.

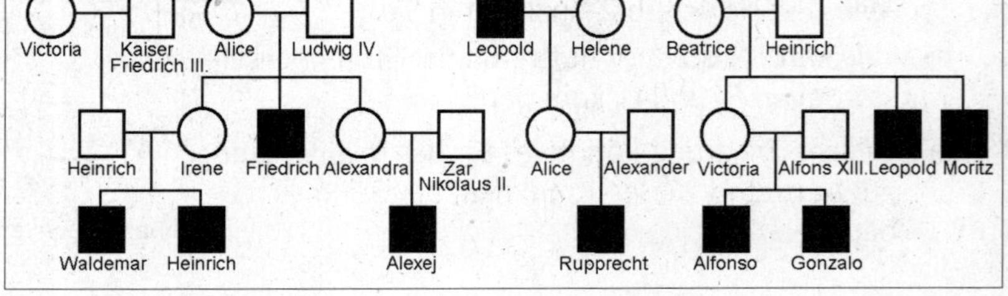

Abb. 60.3 Vererbung der Hämophilie

c) Klären Sie die Art der Vererbung auf, indem Sie im gegebenen Stammbaum (Abb. 60.3) die Überträger (Kreis in das Symbol) ergänzen und einen genotypischen Stammbaum anfertigen!

d) Bei einer Frau wurden beide Mutantenallele nachgewiesen. Jedes einzelne liegt auf einem der beiden Chromosomen, also nicht gekoppelt.
Kann die Frau erkranken? Begründen Sie!

26. Unter der männlichen Bevölkerung ist die Rot-Grün-Blindheit mit 5–9 % ziemlich häufig. Wenn man solche Männer befragt, stellt sich heraus, dass mütterlicherseits entweder ihr Großvater oder oft ihre Onkel auch farbenblind sind. Unter Frauen ist diese Krankheit extrem selten (0,25 %).

a) Schlussfolgern Sie, wie diese Krankheit vererbt wird und warum diese Häufigkeitsunterschiede bestehen!

b) Kennzeichnen Sie bei den beiden gegebenen Stammbäumen (Abb.61.1) – der Vater bzw. die Mutter ist farbenblind – die erkrankten Kinder der F_1-Generation entsprechend der theoretischen Häufigkeiten!

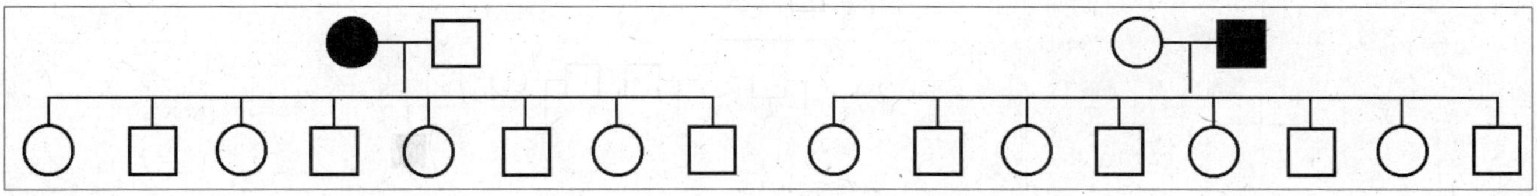

Abb. 61.1 Vererbung der Rot-Grün-Blindheit

c) Wie werden die Allele dann in der F_2-Generation weitergegeben?

27. Ein Mann leidet an Farbenblindheit und Hämophilie. Die Kinder seiner Söhne sind alle in Hinsicht auf diese beiden Krankheiten gesund. Bei den vielen Enkelsöhnen, die von seinen Töchtern stammen, sind zwei Jungen mit seinem Krankheitsbild dabei, aber zwei weisen nur eine der beiden Erbkrankheiten auf, einer ist farbenblind der andere ist hämophil.
Erklären Sie das Phänomen!

28. Geschlechtsgebundene Erbkrankheiten werden
- durch Autosomen übertragen, aber nur in Männern ausgeprägt, ❑
- von Genen codiert, die auf den Gonosomen liegen, ❑
- nur in dem einen oder anderen Geschlecht gefunden und hängen vom Geschlechtsbestimmungssystem ab, ❑
- in Säugern und Fruchtfliegen von den Müttern/Weibchen vererbt. ❑

Markieren Sie die richtige Antwort!

29. Chorea Huntington wird eine sehr schwere Erbkranheit genannt, bei der es durch Degeneration an bestimmten Nervenzellen des Zentralnervensystems zu unwillkürlichen Kontraktionen der Skelettmuskulatur und schweren Schwachsinn kommt. Die Krankheit prägt sich jedoch erst nach dem 35.–45. Lebensjahr aus.

a) Wie wird sie vererbt? Analysieren Sie den Stammbaum (Abb. 61.2)!

b) Suchen Sie mögliche Ursachen, warum Krankheiten dieses Erbmechanismus trotzdem relativ selten sind!

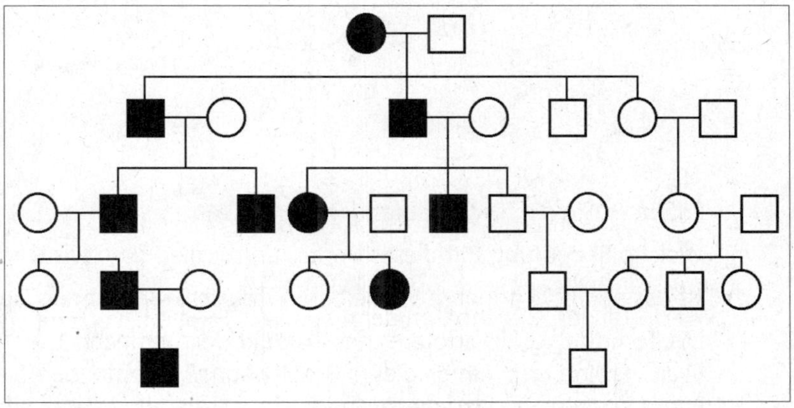

Abb. 61.2 Stammbaum zur Vererbung von Chorea Huntington

6 Angewandte Genetik

1. a) An dem afrikanischen Krallenfrosch Xenopus sind Experimente durchgeführt worden. Man entfernte aus den Eizellen der Weibchen den Zellkern und ersetzte ihn durch einen Kern aus einer Körperzelle. Aus diesen Zellen entwickelten sich Tiere, die mit dem Spendertier erbgleich waren.
Definieren Sie den Begriff Klon! Erläutern Sie, ob man die hier genannte Methode auch bei Säugetieren anwenden kann! Nutzen Sie dazu die Ausführungen in den Lehrbüchern!

   b) 1983 wurden in der Bundesrepublik das erste Mal Kühe geklont.
Diskutieren Sie die Möglichkeiten unter Einbeziehung Ihrer vorher gemachten Aussage!

   c) Die Züchtung von Bakterien erfolgt bei einer Temperatur von 37° C in flüssigem oder auf festem Nährboden. Unter diesen Bedingungen teilt sich eine Zelle des Bakteriums Escherichia coli etwa alle 20 Minuten.
Berechnen Sie die Bakterienzahl, die unter optimalen Bedingungen in 24 Stunden enstehen kann! Fertigen Sie dazu eine Vermehrungskurve an! Handelt es sich bei den so entstandenen Bakterienkolonien um einen Klon? Begründen Sie!

2. a) Bringt man Gewebestückchen einer Möhre auf einen Nährboden und läßt es dort wachsen, so entwickelt sich eine neue Pflanze.
Welche Eigenschaften hat diese Pflanze im Vergleich zu der Spenderpflanze?

   b) In Pflanzenzellen kann man mit Hilfe einer Mikropipette DNA injizieren. Manchmal wird sie in die DNA der Pflanzenzelle eingebaut. Dieser Vorgang ist aber nicht steuerbar. Deshalb benutzt man dazu bestimmte Bakterien oder Viren. Sie integrieren ihre DNA nur an einer bestimmten Stelle im Genom der Eukaryotenzelle. So können sie als „Gentaxi" benutzt werden. Wichtig ist dabei, dass die krankmachenden Gene entfernt werden und die Kopplung mit dem Fremdgen gelingt. So kann man aus einer bestimmten Pflanze eine neue transformierte Pflanze erzeugen. Das Agrobakterium tumefaciens, ein Bodenbakterium, gehört zu dieser Gruppe. Die Abbildung 62.1 soll die Wirkungsweise verdeutlichen. Vervollständigen Sie die Abbildung 62.1!

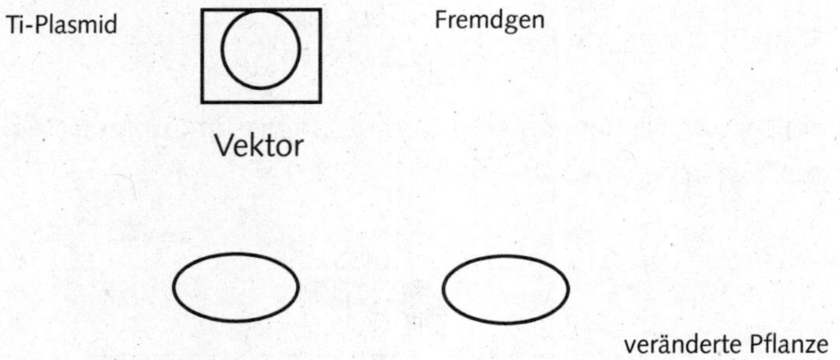

Abb. 62.1

Erläutern Sie die hier ablaufenden Vorgänge!

   c) Welche Bedeutung hat dieses Verfahren für die Pflanzenzüchtung?

   d) Ist das auch bei höheren Wirbeltieren möglich? Begründen Sie Ihre Aussage!

3. a) Die Tomoffel ist ein erfolgreiches Produkt der Gentechnik.
Was verbirgt sich hinter dieser Bezeichnung? Beschreiben Sie, wie es zu dieser Bastardzüchtung kommen kann! Nutzen Sie dazu die zur Verfügung stehenden Lehrbücher und Fachliteratur!

   b) Die Zuckerkrankheit (Diabetes) gehört zu den häufigsten Stoffwechselerkrankungen. Um schwere Schäden zu verhindern, muss unter anderem bei der Jugenddiabetes das fehlende Insulin zugeführt werden. Mit gentechnischen Methoden können Bakterien dazu benutzt werden, menschliches Insulin herzustellen.
Erläutern Sie die hier verwendete Methode unter Berücksichtigung der Rolle, die Plasmide dabei spielen!

4. Der modernen Forschung gelang es, Gene von Bakterien in Pflanzen zu übertragen. Für diesen Transfer wird ein spezieller Vektor, das Ti-Plasmid von Agrobacterium tumefaciens, verwendet.

   a) Beschreiben Sie die für diese Transformation nötigen Arbeitsschritte!

   b) Welche Voraussetzungen müssen im Spenderorganismus vorhanden sein, damit ein solcher Transfer durchgeführt werden kann?

   c) Mittlerweile ist es gelungen, Gene für Speicherproteine der Bohne in Sonnenblumen und Tabakpflanzen zu übertragen.
   Wie ist das möglich und welche Bedeutung hat dieser Vorgang für die Pflanzenzüchtung?

5. a) Erläutern Sie den Begriff Meristemkultur! Beschreiben Sie die Herstellung dieser Kulturen!

   b) Welche Ziele werden mit solchen Meristemkulturen in der Pflanzenzüchtung angestrebt?

   c) Zwischen der Meristemkultur und dem Anlegen einer Genbank von pflanzlichem Material besteht ein enger Zusammenhang!
   Nehmen Sie zu dieser Aussage Stellung!

   d) Meristemkulturen dienen häufig dazu, um Pflanzen krankheitsfrei zu machen. Das ist vor allem dort nötig, wo es sich um Krankheiten handelt, die chemisch nicht bekämpfbar sind. Dabei wird eine Desinfektion der Knospe vorgenommen, indem die äußeren Blätter entfernt werden und nur der innere Teil auf einem Agarmedium weitergezüchtet wird.
   Welche Gründe könnte dieses Vorgehen haben und weshalb gelingt es, hierbei Pflanzen zu entwickeln, die krankheitsfrei sind ?

6. Mit Hilfe von Protoplasten kann in der Züchtung wieder eine funktionsfähige Pflanze entwickelt werden.
Vervollständigen Sie die Abbildung 64.1! Beschreiben Sie die Gewinnung von Protoplasten unter Verwendung der Abbildung 64.1, die die Regeneration eines Kartoffelprotoplasten zeigt!

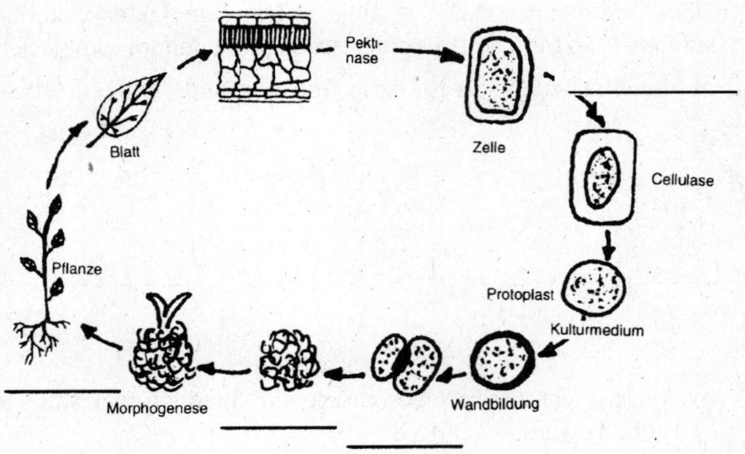

Abb. 64.1

7. Die gezielte Mutagenese wird mit synthetischen Oligonukleotiden (15–20 Nukleotide) durchgeführt, um ein bestimmtes Nukleotid in einem Gen austauschen zu können. Dazu muss man die Umgebung des auszutauschenden Nukleotids kennen, damit ein passendes kurzes DNA-Stück hergestellt werden kann, das hinsichtlich seiner Basensequenz in die Umgebung des auszutauschenden Stückes passt.

a) In welchen Teilschritten verläuft die gezielte Mutagenese? Benutzen Sie dabei die Abbildungen aus Lehrbüchern!

b) Bestimmen Sie für eine Abbildung der gezielten Mutagenese die Auswirkung des Basenaustausches! Verwenden Sie dazu die „Code-Sonne" (S. 31) als Hilfsmittel!

c) Mit welcher Häufigkeit sind Kolonien von mutierten Bakterien zu erwarten?

d) Die gezielte Mutagenese wird in der Forschung vielfach angewandt. Welche Anwendungsmöglichkeiten könnten genannt werden?